# 大方廣佛華嚴經 讀誦

61

## 🪷 일러두기

1. 『독송본 한문·한글역 대방광불화엄경』은 실차난타가 한역(695~699)한 80권 『대방광불화엄경』의 한문 원문과 한글역을 함께 수록한 것이다. 한문에는 음사와 현토를 부기하였다.

2. 원문의 저본은 고종 2년(1865) 월정사에서 인경한 고려대장경 『대방광불화엄경』에 한암 스님이 현토(1949년)한 것을 범룡 스님이 영인 출판(1990년)한 『대방광불화엄경』이다.

3. 한문은 저본에서 누락되었거나 글자가 다르다고 판단된 부분은 저본인 고려대장경 각권의 말미에 교감되어 있는 내용을 중심으로 하고 봉은사판 『대방광불화엄경수소연의초』와 신수대장경 각주에서 밝힌 교감본을 참조하여 보입하고 수정하였다.

4. 한글 번역은 동국역경원에서 발간한 한글 『대방광불화엄경』(운허)을 중심으로 하고 『신화엄경합론』(탄허)과 『대방광불화엄경 강설』(여천무비) 그리고 최근의 여타 번역본 등을 참조하였다.

5. 저본의 원문에서 이체자의 경우 훈글이 제공하는 이체자는 그대로 살리고 훈글이 제공하지 않는 글자는 통용되는 정자로 바꾸었다. 예) 閒 → 閑 / 焰 → 燄 / 宮 → 宮 / 偁 → 稱

6. 한글 번역은 독송과 사경을 위하여 정확성과 아울러 가독성을 고려하였다. 극존칭은 부처님과 불경계에 대해서만 사용하였다.

7. 독송본의 차례는 일러두기 → 본문 → 화엄경 목차 → 간행사의 순차이다.
   (법공양판에는 간행사 다음에 간행불사 동참자를 밝혀 두었다.)

8. 독송본의 한글역은 사경의 편의를 도모하기 위해 그 편집을 달리하여 『사경본 한글역 대방광불화엄경』으로 함께 간행한다. 독송본과 사경본 모두 80권 『대방광불화엄경』의 권별 목차 순으로 간행한다.

독송본 한문·한글역

# 대방광불화엄경 제61권
大方廣佛華嚴經 卷第六十一

### 39. 입법계품 [2]
入法界品 第三十九之二

실차난타 한역
수미해주 한글역

대방광불화엄경 제61권 변상도

대방광불화엄경
제61권

39. 입법계품 [2]

# 대방광불화엄경 권제육십일
大方廣佛華嚴經 卷第六十一

## 입법계품 제삼십구지이
入法界品 第三十九之二

이시에 보현보살마하살이 보관일체보살중
**爾時**에 **普賢菩薩摩訶薩**이 **普觀一切菩薩衆**

회하고 이등법계방편과 등허공계방편과 등중
**會**하고 **以等法界方便**과 **等虛空界方便**과 **等衆**

생계방편과 등삼세와 등일체겁과 등일체중생
**生界方便**과 **等三世**와 **等一切劫**과 **等一切衆生**

업과 등일체중생욕과 등일체중생해와 등일체
**業**과 **等一切衆生欲**과 **等一切衆生解**와 **等一切**

# 대방광불화엄경 제61권

## 39. 입법계품 [2]

그때에 보현 보살마하살이 일체 보살의 대중 모임을 널리 살펴보고 법계와 같은 방편과, 허공계와 같은 방편과, 중생계와 같은 방편과, 삼세와 같고 일체 겁과 같고 일체 중생의 업과 같고 일체 중생의 하고자 함과 같고 일체 중생의 이해와 같고 일체 중생의 근성과 같고 일체 중

중생근과 等一切衆生成熟時와 等一切法光

影方便으로 爲諸菩薩하사 以十種法句로 開發

顯示照明演說此師子頻申三昧하시니라

何等이 爲十고

所謂演說能示現等法界一切佛刹微塵中에

諸佛出興次第와 諸刹成壞次第法句하니라

演說能示現等虛空界一切佛刹中에 盡未來

劫토록 讚歎如來功德音聲法句하니라

생의 성숙한 때와 같고 일체 법의 빛그림자와 같은 방편으로, 모든 보살들을 위하여 열 가지 법의 글귀로써 이 사자의 기운 뻗는 삼매를 열어 나타내 보이며 밝게 비추어 연설하였다.

"무엇이 열인가?

이른바 법계와 같은 일체 부처님 세계의 미진 속에서 모든 부처님께서 출현하시는 차례와 모든 세계가 이루어지고 무너지는 차례를 능히 나타내 보이는 법의 글귀를 연설하였다.

허공계와 같은 일체 부처님 세계에서 미래겁이 다하도록 여래의 공덕을 찬탄하는 음성을 능히 나타내 보이는 법의 글귀를 연설하였다.

演說能示現等虛空界一切佛刹中에 如來出世가 無量無邊하야 成正覺門法句하니라

演說能示現等虛空界一切佛刹中에 佛坐道場菩薩衆會法句하니라

演說於一切毛孔에 念念出現等三世一切佛 變化身하야 充滿法界法句하니라

演說能令一身으로 充滿十方一切刹海하야 平等顯現法句하니라

허공계와 같은 일체 부처님 세계에서 여래께서 세상에 출현하시어 한량없고 가없는 바른 깨달음을 이루시는 문을 능히 나타내 보이는 법의 글귀를 연설하였다.

허공계와 같은 일체 부처님 세계에서 부처님께서 도량의 보살 대중모임에 앉으셨음을 능히 나타내 보이는 법의 글귀를 연설하였다.

일체 모공에서 생각생각마다 삼세와 같은 일체 부처님의 변화하시는 몸을 나타내어 법계에 가득한 법의 글귀를 연설하였다.

한 몸이 시방의 일체 세계바다에 가득하여 평등하게 나타낼 수 있게 하는 법의 글귀를

연설능령일체제경계중 　　보현삼세제불신
演說能令一切諸境界中에 普現三世諸佛神

변법구
變法句하니라

연설능령일체불찰미진중 　　보현삼세일체
演說能令一切佛刹微塵中에 普現三世一切

불찰미진수불 　　종종신변 　　경무량겁법
佛刹微塵數佛의 種種神變하야 經無量劫法

구
句하니라

연설능령일체모공 　　출생삼세일체제불대
演說能令一切毛孔으로 出生三世一切諸佛大

원해음 　　진미래겁 　　개발화도일체보살
願海音하야 盡未來劫토록 開發化導一切菩薩

법구
法句하니라

연설하였다.

일체 모든 경계 가운데 삼세 모든 부처님의 신통 변화를 널리 나타낼 수 있게 하는 법의 글귀를 연설하였다.

일체 부처님 세계 미진 속에 삼세 일체 부처님 세계 미진수의 부처님의 갖가지 신통 변화를 널리 나타내어 한량없는 겁을 지낼 수 있게 하는 법의 글귀를 연설하였다.

일체 모공이 삼세 일체 모든 부처님의 큰 서원바다의 음성을 내어 미래겁을 다하도록 일체 보살을 열어 교화하고 인도하게 할 수 있는 법의 글귀를 연설하였다.

연설능령불사자좌 양동법계 보살중회
演說能令佛師子座로 量同法界하야 菩薩衆會와

도량장엄 등무차별 진미래겁 전어
道場莊嚴이 等無差別하야 盡未來劫토록 轉於

종종미묘법륜법구
種種微妙法輪法句니라

불자 차십위수 유불가설불찰미진수법
佛子야 此十爲首하야 有不可說佛刹微塵數法

구 개시여래지혜경계
句하니 皆是如來智慧境界니라

이시 보현보살 욕중선차의 승불신
爾時에 普賢菩薩이 欲重宣此義하야 承佛神

력 관찰여래 관찰중회 관찰제불난
力하사 觀察如來하며 觀察衆會하며 觀察諸佛難

부처님 사자좌가 양이 법계와 같아서 보살 대중모임과 도량의 장엄이 평등하여 차별이 없어서 미래겁을 다하도록 갖가지 미묘한 법륜을 굴리게 할 수 있는 법의 글귀를 연설하였다.

　불자들이여, 이 열 가지가 으뜸이 되어 말할 수 없는 부처님 세계 미진수의 법의 글귀가 있으니, 모두 여래의 지혜 경계이다."


　그때에 보현 보살이 이 뜻을 거듭 펴려고 부처님의 위신력을 받들어 여래를 관찰하며, 대중모임을 관찰하며, 모든 부처님의 생각하기 어려운 경계를 관찰하며, 모든 부처님의 가없

사 경 계 　　관찰제불무변삼매　　관찰불가
思境界하며 觀察諸佛無邊三昧하며 觀察不可

사의제세계해　　관찰불가사의여환법지
思議諸世界海하며 觀察不可思議如幻法智하며

관찰불가사의삼세제불　　실개평등　　관찰
觀察不可思議三世諸佛이 悉皆平等하며 觀察

일체무량무변제언사법　　이설송언
一切無量無邊諸言辭法하고 而說頌言하시니라


일일모공중　　　　　미진수찰해
一一毛孔中　　　　　微塵數刹海에

실유여래좌　　　　　개구보살중
悉有如來坐하사　　　皆具菩薩衆이로다

는 삼매를 관찰하며, 불가사의한 모든 세계바다를 관찰하며, 불가사의한 환과 같은 법의 지혜를 관찰하며, 불가사의한 삼세 모든 부처님께서 모두 다 평등하심을 관찰하며, 일체 한량없고 가없는 모든 말하는 법을 관찰하고 게송을 설하여 말씀하였다.

낱낱 모공 가운데
미진수의 세계바다에
모두 여래께서 앉으셨는데
다 보살 대중들과 함께하시도다.

일일모공중  무량제찰해
一一毛孔中  無量諸刹海에

불처보리좌  여시변법계
佛處菩提座하사  如是徧法界로다

일일모공중  일체찰진불
一一毛孔中에  一切刹塵佛이

보살중위요  위설보현행
菩薩衆圍遶어든  爲說普賢行이로다

불좌일국토  충만시방계
佛坐一國土하사  充滿十方界하시니

무량보살운  함래집기소
無量菩薩雲이  咸來集其所로다

낱낱 모공 가운데
한량없는 모든 세계바다에
부처님께서 보리좌에 계시니
이와 같이 법계에 두루하시도다.

낱낱 모공 가운데
일체 세계 티끌 수의 부처님께서
보살 대중들에게 둘러싸여
보현행을 설하시도다.

부처님께서 한 국토에 앉으시어
시방세계에 충만하시니
한량없는 보살구름이
그곳에 다 와서 모이도다.

억찰미진수 보살공덕해
**億刹微塵數**의 **菩薩功德海**가

구종회중기 변만시방계
**俱從會中起**하야 **徧滿十方界**로다

실주보현행 개유법계해
**悉住普賢行**하야 **皆遊法界海**하며

보현일체찰 등입제불회
**普現一切刹**하야 **等入諸佛會**로다

안좌일체찰 청문일체법
**安坐一切刹**하며 **聽聞一切法**하야

일일국토중 억겁수제행
**一一國土中**에 **億劫修諸行**이로다

억 세계 미진수의
보살 공덕바다가
함께 모임 가운데서 일어나
시방세계에 두루 가득하도다.


모두 보현행에 머물러
다 법계바다에 노닐며
일체 세계를 널리 나타내어
평등하게 모든 부처님 회상에 들어가도다.


일체 세계에 편안히 앉아
일체 법을 들으며
낱낱 국토에서
억겁 동안 모든 행을 닦도다.

보살소수행
菩薩所修行이

보명법해행
普明法海行이라

입어대원해
入於大願海하야

주불경계지
住佛境界地로다

요달보현행
了達普賢行하야

출생제불법
出生諸佛法하며

구불공덕해
具佛功德海하야

광현신통사
廣現神通事로다

신운등진수
身雲等塵數하야

충변일체찰
充徧一切刹이라

보우감로법
普雨甘露法하야

영중주불도
令衆住佛道로다

보살이 닦는 바 행은
법바다를 두루 밝히는 행이라
큰 서원바다에 들어가
부처님 경계의 지위에 머무르도다.


보현행을 밝게 통달하여
모든 부처님의 법을 출생하며
부처님의 공덕바다를 구족하여
신통한 일을 널리 나타내도다.


몸구름이 티끌 수와 같아서
일체 세계에 두루 가득함이라
감로의 법을 널리 비내려
대중들을 부처님 도에 머무르게 하도다.

이시　　세존　　욕령제보살　　안주여래사자
爾時에 世尊이 欲令諸菩薩로 安住如來師子

빈신광대삼매고　　종미간백호상　　　방대광
頻申廣大三昧故로 從眉間白毫相하야 放大光

명　　　기광　　명보조삼세법계문　　　이불가
明하시니 其光이 名普照三世法界門이라 以不可

설불찰미진수광명　　　이위권속　　　보조시
說佛刹微塵數光明으로 而爲眷屬하야 普照十

방일체세계해제불국토
方一切世界海諸佛國土하시니라


시　　서다림보살대중　　　실견일체진법계허
時에 逝多林菩薩大衆이 悉見一切盡法界虛

공계일체불찰일일미진중　　　각유일체불찰
空界一切佛刹一一微塵中에 各有一切佛刹

이때에 세존께서 모든 보살들을 여래의 사자 기운 뻗는 광대한 삼매에 안주하게 하시려는 까닭으로, 미간의 백호상에서 큰 광명을 놓으시었다. 그 광명은 이름이 '삼세 법계의 문을 널리 비춤'이며, 말할 수 없는 부처님 세계 미진수의 광명으로 권속을 삼아 시방의 일체 세계바다의 모든 부처님 국토를 널리 비추었다.

이때에 서다림의 보살 대중들이 모두 보니, 일체 온 법계 허공계의 일체 부처님 세계의 낱낱 미진 가운데 각각 일체 부처님 세계 미진수의 모든 부처님 국토의 갖가지 이름과 갖가지

미진수제불국토　　　종종명　　종종색　　종종청
微塵數諸佛國土의 種種名과 種種色과 種種清

정　　종종주처　　종종형상
淨과 種種住處와 種種形相이니라

여시일체제국토중　　　개유대보살　　좌어도
如是一切諸國土中에 皆有大菩薩이 坐於道

량사자좌상　　　성등정각　　　보살대중　　전
場師子座上하야 成等正覺하야 菩薩大衆이 前

후위요　　제세간주　　이위공양
後圍遶하고 諸世間主가 而爲供養하니라

혹견어불가설불찰량대중회중　　출묘음성
或見於不可說佛刹量大衆會中에 出妙音聲하야

충만법계　　전정법륜
充滿法界하야 轉正法輪하니라

혹견재천궁전　　용궁전　　야차궁전　　건달
或見在天宮殿과 龍宮殿과 夜叉宮殿과 乾闥

빛과 갖가지 청정과 갖가지 머무르는 곳과 갖가지 형상이 있었다.

이와 같은 일체 모든 국토 중에 모두 큰 보살들이 있어 도량의 사자좌 위에 앉아서 평등하고 바른 깨달음을 이루니, 보살 대중들이 앞뒤로 둘러싸고 모든 세간 주인들이 공양올렸다.

혹은 말할 수 없는 부처님 세계와 같은 양의 큰 대중모임 가운데 미묘한 음성을 내어 법계에 가득하여 바른 법륜을 굴리는 것을 보았다.

혹은 하늘 궁전과 용의 궁전과 야차의 궁전

바와 阿脩羅와 迦樓羅와 緊那羅와 摩睺羅伽와

人非人等의 諸宮殿中하나니라

或在人間村邑聚落王都大處하야 現種種姓과

種種名과 種種身과 種種相과 種種光明하야 住

種種威儀하고 入種種三昧하고 現種種神變하나니라

或時에 自以種種言音하며 或令種種諸菩薩

等으로 在於種種大衆會中하야 種種言辭로 說

種種法하나니라

과, 건달바와 아수라와 가루라와 긴나라와 마후라가와 사람과 사람 아닌 이들의 모든 궁전 속에 있음을 보았다.

혹은 인간의 시골과 마을과 도시와 수도의 큰 곳에 있어서, 갖가지 성과 갖가지 이름과 갖가지 몸과 갖가지 모양과 갖가지 광명을 나타내며, 갖가지 위의에 머무르고 갖가지 삼매에 들고 갖가지 신통 변화를 나타내었다.

혹 어떤 때에는 스스로 갖가지 말로써 하며, 혹은 갖가지 모든 보살들로 하여금 갖가지 큰 대중모임 가운데 있어서 갖가지 말로 갖가지 법을 설하게 하였다.

여차회중보살대중　　　견어여시제불여래심
如此會中菩薩大衆이　見於如是諸佛如來甚

심삼매대신통력　　　여시진법계허공계동서
深三昧大神通力하야　如是盡法界虛空界東西

남북　사유상하　일체방해중　의어중생심
南北과　四維上下의　一切方海中에　依於衆生心

상이주　　시종전제　　지금현재일체국토
想而住하야　始從前際로　至今現在一切國土

신　일체중생신　일체허공도　기중일일
身과　一切衆生身과　一切虛空道히　其中一一

모단량처　일일각유미진수찰　종종업기
毛端量處에　一一各有微塵數刹의　種種業起하야

차제이주　　실유도량보살중회
次第而住하야　悉有道場菩薩衆會니라

개역여시견불신력　　불괴삼세　　불괴세
皆亦如是見佛神力으로　不壞三世하고　不壞世

이 모임 가운데 보살 대중들이 이와 같은 모든 부처님 여래의 매우 깊은 삼매와 큰 신통력을 보듯이, 이와 같이 온 법계 허공계의 동서남북과 네 간방과 상방과 하방의 일체 방위바다 가운데서 중생의 마음 생각을 의지하여 머무르면서, 처음 앞 시절부터 지금 현재의 일체 국토의 몸과 일체 중생의 몸과 일체 허공의 길에 이르기까지, 그 가운데 낱낱 털끝만 한 곳에 낱낱이 각각 미진수의 세계가 있어 갖가지 업으로 일어나 차례로 머물러서, 모두 도량의 보살 대중모임이 있었다.

다 또한 이와 같이 부처님의 위신력으로, 삼

간  어일체중생심중  현기영상  수일
聞하야 於一切衆生心中에 現其影像하며 隨一

체중생심락  출묘언음  보입일체중회
切衆生心樂하야 出妙言音하며 普入一切衆會

중  보현일체중생전
中하고 普現一切衆生前하니라

색상유별  지혜무이  수기소응  개
色相有別이나 智慧無異하며 隨其所應하야 開

시불법  교화조복일체중생  미증휴
示佛法하야 敎化調伏一切衆生호대 未曾休

식
息하니라


기유견차불신력자  개시비로자나여래
其有見此佛神力者는 皆是毗盧遮那如來가

세를 무너뜨리지 아니하고 세간을 무너뜨리지 아니하여 일체 중생의 마음 속에 그 영상을 나타내며, 일체 중생의 마음에 좋아함을 따라 미묘한 음성을 내며, 일체 대중모임에 널리 들어가서 일체 중생 앞에 널리 나타냄을 보았다.

색상은 다름이 있으나 지혜는 다름이 없으며, 그 마땅한 바를 따라 부처님 법을 열어 보여 일체 중생을 교화하고 조복하되 일찍이 쉬지 아니하였다.

그 이 부처님의 위신력을 봄이 있는 자들은 다 비로자나여래께서 지난 옛적에 선근으로

어왕석시　　선근섭수
於往昔時에 善根攝受니라

혹석증이사섭소섭　　혹시견문억념친근지
或昔曾以四攝所攝이며 或是見聞憶念親近之

소성숙　　혹시왕석　　교기영발아뇩다라삼
所成熟이며 或是往昔에 敎其令發阿耨多羅三

먁삼보리심　　혹시왕석　　어제불소　　동종
藐三菩提心이며 或是往昔에 於諸佛所에 同種

선근　　혹시과거　　이일체지선교방편
善根이며 或是過去에 以一切智善巧方便으로

교화성숙
敎化成熟이니라

시고　　개득입어여래불가사의심심삼매
是故로 皆得入於如來不可思議甚深三昧의

거두어 주신 것이다.

 혹은 옛적에 일찍이 사섭법으로 거두어 주신 것이며, 혹은 보고 듣고 생각하고 친근하여 성숙시키신 것이며, 혹은 지난 옛적에 그들을 교화하여 아뇩다라삼먁삼보리심을 내게 하신 것이며, 혹은 지난 옛적에 모든 부처님 처소에서 선근을 함께 심은 것이며, 혹은 과거에 일체 지혜와 교묘한 방편으로 교화하여 성숙시키신 것이다.


 그러므로 다 여래의 불가사의한 매우 깊은 삼매의 온 법계 허공계의 큰 신통한 힘에 들어

진법계허공계대신통력
**盡法界虛空界大神通力**하니라

혹입법신　　혹입색신　　혹입왕석소성취
**或入法身**하며 **或入色身**하며 **或入往昔所成就**

행
**行**하니라

혹입원만제바라밀　　혹입장엄청정행륜
**或入圓滿諸波羅蜜**하며 **或入莊嚴淸淨行輪**하며

혹입보살제지
**或入菩薩諸地**하니라

혹입성정각력　　혹입불소주삼매무차별대
**或入成正覺力**하며 **或入佛所住三昧無差別大**

신변　　혹입여래력무외지　　혹입불무애
**神變**하며 **或入如來力無畏智**하며 **或入佛無礙**

변재해
**辯才海**하나니라

갔다.

혹은 법신에 들어가며, 혹은 색신에 들어가며, 혹은 지난 옛적에 성취한 행에 들어갔다.

혹은 원만한 모든 바라밀에 들어가며, 혹은 장엄하고 청정한 행의 바퀴에 들어가며, 혹은 보살의 모든 지위에 들어갔다.

혹은 정각을 이루는 힘에 들어가며, 혹은 부처님께서 머무르시는 삼매와 차별 없는 큰 신통 변화에 들어가며, 혹은 여래의 힘과 두려움 없는 지혜에 들어가며, 혹은 부처님의 걸림 없는 변재바다에 들어갔다.

저 모든 보살들이 갖가지 지혜와, 갖가지 도

피제보살   이종종해   종종도   종종문   종
彼諸菩薩이 以種種解와 種種道와 種種門과 種

종입   종종이취   종종수순   종종지혜   종
種入과 種種理趣와 種種隨順과 種種智慧와 種

종조도   종종방편   종종삼매   입여시등십
種助道와 種種方便과 種種三昧로 入如是等十

불가설불찰미진수불신변해방편문
不可說佛刹微塵數佛神變海方便門이니라

운하종종삼매
云何種種三昧오

소위보장엄법계삼매   보조일체삼세무애
所謂普莊嚴法界三昧와 普照一切三世無礙

경계삼매   법계무차별지광명삼매   입여
境界三昧와 法界無差別智光明三昧와 入如

래경계부동전삼매   보조무변허공삼매
來境界不動轉三昧와 普照無邊虛空三昧니라

와, 갖가지 문과, 갖가지 들어감과, 갖가지 이치와, 갖가지 수순함과, 갖가지 지혜와, 갖가지 도를 도움과, 갖가지 방편과, 갖가지 삼매로, 이와 같은 등의 열 말할 수 없는 부처님 세계 미진수의 부처님 신통 변화바다의 방편문에 들어갔다.

무엇이 갖가지 삼매인가?

이른바 법계를 널리 장엄하는 삼매와, 일체 삼세의 걸림 없는 경계를 널리 비추는 삼매와, 법계의 차별 없는 지혜 광명 삼매와, 여래의 경계에 들어가 흔들리지 않는 삼매와, 가없는 허공을 널리 비추는 삼매이다.

입여래력삼매　　　불무외용맹분신장엄삼매
**入如來力三昧**와　**佛無畏勇猛奮迅莊嚴三昧**와

일체법계선전장삼매　　여월보현일체법계
**一切法界旋轉藏三昧**와　**如月普現一切法界**하야

이무애음　　　대개연삼매　　　보청정법광명삼
**以無礙音**으로　**大開演三昧**와　**普淸淨法光明三**
매
**昧**니라

무애증법왕당삼매　　　일일경계중　　　실견일
**無礙繒法王幢三昧**와　**一一境界中**에　**悉見一**

체제불해삼매　　　어일체세간　　　실현신삼매
**切諸佛海三昧**와　**於一切世間**에　**悉現身三昧**와

입여래무차별신경계삼매　　　수일체세간
**入如來無差別身境界三昧**와　**隨一切世間**하야

전대비장삼매
**轉大悲藏三昧**니라

여래의 힘에 들어가는 삼매와, 부처님의 두려움 없는 용맹으로 기운 뻗고 장엄하는 삼매와, 일체 법계의 돌고 구르는 창고 삼매와, 달처럼 일체 법계에 널리 나타나서 걸림 없는 음성으로 크게 열어서 연설하는 삼매와, 널리 청정한 법의 광명 삼매이다.

걸림 없는 비단 법왕 당기 삼매와, 낱낱 경계 속에서 일체 모든 부처님바다를 다 보는 삼매와, 일체 세간에서 몸을 다 나타내는 삼매와, 여래의 차별 없는 몸의 경계에 들어가는 삼매와, 일체 세간을 따라 대비의 창고를 굴리는 삼매이다.

知一切法無有迹三昧와 知一切法究竟寂滅
三昧와 雖無所得이나 而能變化하야 普現世間
三昧와 普入一切刹三昧와 莊嚴一切佛刹하야
成正覺三昧니라

觀一切世間主色相差別三昧와 觀一切衆生
境界無障礙三昧와 能出生一切如來母三昧와
能修行入一切佛海功德道三昧와 一一境界
中에 出現神變하야 盡未來際三昧니라

일체 법에 자취가 없음을 아는 삼매와, 일체 법이 끝까지 고요함을 아는 삼매와, 비록 얻을 것은 없으나 능히 변화하여 세간에 널리 나타나는 삼매와, 일체 세계에 널리 들어가는 삼매와, 일체 부처님 세계를 장엄하고 바른 깨달음을 이루는 삼매이다.

일체 세간 주인의 색상이 차별함을 보는 삼매와, 일체 중생의 경계를 보는 데 장애가 없는 삼매와, 능히 일체 여래의 어머니를 출생하는 삼매와, 능히 행을 닦아 일체 부처님바다 공덕의 길에 들어가는 삼매와, 낱낱 경계 가운데 신통 변화를 나타내어 미래제를 다하는 삼매이다.

입일체여래본사해삼매　　　진미래제　　　호지
入一切如來本事海三昧와 盡未來際토록 護持

일체여래종성삼매　　　이결정해력　　　영현재
一切如來種性三昧와 以決定解力으로 令現在

시방일체불찰해　　　개청정삼매　　　일념중　　　보
十方一切佛刹海로 皆淸淨三昧와 一念中에 普

조일체불소주삼매　　　입일체경계무애제삼
照一切佛所住三昧와 入一切境界無礙際三

매
昧니라

영일체세계　　　위일불찰삼매　　　출일체불변
令一切世界로 爲一佛刹三昧와 出一切佛變

화신삼매　　　이금강왕지　　　지일체제근해삼
化身三昧와 以金剛王智로 知一切諸根海三

매　　　지일체여래동일신삼매　　　지일체법계
昧와 知一切如來同一身三昧와 知一切法界

일체 여래의 본생의 일바다에 들어가는 삼매와, 미래제가 다하도록 일체 여래의 종성을 보호해 지니는 삼매와, 결정한 지해의 힘으로 현재 시방 일체 부처님의 세계바다가 다 청정하게 하는 삼매와, 한 생각 동안에 일체 부처님의 머무르신 곳을 널리 비추는 삼매와, 일체 경계의 걸림 없는 경계에 들어가는 삼매이다.

일체 세계가 한 부처님의 세계가 되게 하는 삼매와, 일체 부처님의 변화하신 몸을 내는 삼매와, 금강왕 지혜로 일체 모든 근바다를 아는 삼매와, 일체 여래와 동일한 몸임을 아는 삼매와, 일체 법계의 나란히 늘어선 것이

소안립　실주심념제삼매
所安立이 悉住心念際三昧니라

어일체법계광대국토중　시현열반삼매
於一切法界廣大國土中에 示現涅槃三昧와

영주최상처삼매　어일체불찰　현종종중
令住最上處三昧와 於一切佛刹에 現種種衆

생차별신삼매　보입일체불지혜삼매　지
生差別身三昧와 普入一切佛智慧三昧와 知

일체법성상삼매
一切法性相三昧니라

일념보지삼세법삼매　염념중　보현법계
一念普知三世法三昧와 念念中에 普現法界

신삼매　이사자용맹지　지일체여래출흥
身三昧와 以師子勇猛智로 知一切如來出興

차제삼매　어일체법계경계　혜안원만삼
次第三昧와 於一切法界境界에 慧眼圓滿三

모두 마음 생각의 경계에 머무르는 것임을 아는 삼매이다.

일체 법계의 광대한 국토 가운데 열반을 나타내 보이는 삼매와, 가장 높은 곳에 머무르게 하는 삼매와, 일체 부처님의 세계에서 갖가지 중생의 차별한 몸을 나타내는 삼매와, 일체 부처님의 지혜에 널리 들어가는 삼매와, 일체 법의 성품과 모양을 아는 삼매이다.

한 생각에 삼세의 법을 널리 아는 삼매와, 생각생각 중에 법계의 몸을 널리 나타내는 삼매와, 사자의 용맹한 지혜로 일체 여래께서 출현하시는 차례를 아는 삼매와, 일체 법계의 경

매　용맹취향십력삼매
昧와 勇猛趣向十力三昧니라

방일체공덕원만광명　　보조세간삼매　부
放一切功德圓滿光明하야 普照世間三昧와 不

동장삼매　설일법　보입일체법삼매　어일
動藏三昧와 說一法이 普入一切法三昧와 於一

법　이일체언음　　차별훈석삼매　연설일
法에 以一切言音으로 差別訓釋三昧와 演說一

체불무이법삼매
切佛無二法三昧니라

지삼세무애제삼매　지일체겁무차별삼매
知三世無礙際三昧와 知一切劫無差別三昧와

입십력미세방편삼매　어일체겁　성취일
入十力微細方便三昧와 於一切劫에 成就一

체보살행부단절삼매　시방보현신삼매
切菩薩行不斷絕三昧와 十方普現身三昧니라

계에 지혜 눈이 원만한 삼매와, 용맹하게 십력으로 향하여 나아가는 삼매이다.

일체 공덕의 원만한 광명을 놓아 세간을 널리 비추는 삼매와, 흔들리지 않는 창고 삼매와, 한 법이 일체 법에 널리 들어감을 설하는 삼매와, 한 법을 일체 말로 차별되게 해석하는 삼매와, 일체 부처님의 둘이 없는 법을 연설하는 삼매이다.

삼세의 걸림 없는 경계를 아는 삼매와, 일체 겁이 차별 없음을 아는 삼매와, 십력의 미세한 방편에 들어가는 삼매와, 일체 겁에 일체 보살의 행을 성취하여 끊어지지 않는 삼매와,

於法界에 自在成正覺三昧와 生一切安隱受

三昧와 出一切莊嚴具하야 莊嚴虛空界三昧와

念念中에 出等衆生數變化身雲三昧와 如來

淨空月光明三昧니라

常見一切如來住虛空三昧와 開示一切佛莊

嚴三昧와 照明一切法義燈三昧와 照十力境

界三昧니라

三世一切佛幢相三昧와 一切佛一密藏三

시방에 널리 몸을 나타내는 삼매이다.

법계에서 자재하게 바른 깨달음을 이루는 삼매와, 일체 편안한 느낌을 내는 삼매와, 일체 장엄거리를 내어 허공계를 장엄하는 삼매와, 생각생각 중에 중생의 수효와 같은 변화하는 몸구름을 내는 삼매와, 여래의 깨끗한 허공의 달 광명 삼매이다.

일체 여래께서 허공에 머무르심을 항상 보는 삼매와, 일체 부처님의 장엄을 열어 보이는 삼매와, 일체 법과 뜻을 밝게 비추는 등불 삼매와, 십력의 경계를 비추는 삼매이다.

삼세 일체 부처님의 당기 모양 삼매와, 일체

매　염념중　소작개구경삼매　무진복덕
昧와 念念中에 所作皆究竟三昧와 無盡福德

장삼매
藏三昧니라

견무변불경계삼매　견주일체법삼매　현
見無邊佛境界三昧와 堅住一切法三昧와 現

일체여래변화　실령지견삼매　염념중
一切如來變化하야 悉令知見三昧와 念念中에

불일상출현삼매
佛日常出現三昧니라

일일중　실지삼세소유법삼매　보음연설일
一日中에 悉知三世所有法三昧와 普音演說一

체법성적멸삼매　견일체불자재력삼매
切法性寂滅三昧와 見一切佛自在力三昧니라

법계개부연화삼매　관제법여허공무주처
法界開敷蓮華三昧와 觀諸法如虛空無住處

부처님의 한 비밀한 창고 삼매와, 생각생각 중에 짓는 바가 다 끝까지 이르는 삼매와, 다함없는 복덕창고 삼매이다.

가없는 부처님 경계를 보는 삼매와, 일체 법에 굳게 머무르는 삼매와, 일체 여래의 변화를 나타내어 모두 알고 보게 하는 삼매와, 생각생각 중에 부처님 해가 항상 나타나는 삼매이다.

하루 동안에 삼세의 있는 바 법을 모두 아는 삼매와, 두루한 음성으로 일체 법의 성품이 적멸함을 연설하는 삼매와, 일체 부처님의 자재하신 힘을 보는 삼매이다.

법계에 연꽃을 피우는 삼매와, 모든 법이 허

삼매     시방해     보입일방삼매
三昧와 十方海로 普入一方三昧니라

입일체법계무원저삼매     일체법해삼매
入一切法界無源底三昧와 一切法海三昧와

이적정신     방일체광명삼매
以寂靜身으로 放一切光明三昧니라

일념중     현일체신통대원삼매     일체시일
一念中에 現一切神通大願三昧와 一切時一

체처     성정각삼매     이일장엄     입일체법
切處에 成正覺三昧와 以一莊嚴으로 入一切法

계삼매
界三昧니라

보현일체제불신삼매     지일체중생광대수
普現一切諸佛身三昧와 知一切衆生廣大殊

승신통지삼매     일념중     기신     변법계삼
勝神通智三昧와 一念中에 其身이 徧法界三

공과 같아서 머무르는 곳이 없음을 관하는 삼매와, 시방바다가 한 방소에 널리 들어가는 삼매이다.

일체 법계가 근원이 없음에 들어가는 삼매와, 일체 법바다의 삼매와, 적정한 몸으로 일체 광명을 놓는 삼매이다.

한 생각 동안에 일체 신통과 큰 원을 나타내는 삼매와, 일체 시간 일체 처소에서 바른 깨달음을 이루는 삼매와, 한 장엄으로 일체 법계에 들어가는 삼매이다.

일체 모든 부처님 몸을 널리 나타내는 삼매와, 일체 중생의 광대하고 수승한 신통 지혜를

매
昧니라

현일승정법계삼매　　입보문법계　　　시현대
現一乘淨法界三昧와 入普門法界하야 示現大

장엄삼매　　주지일체불법륜삼매
莊嚴三昧와 住持一切佛法輪三昧니라

이일체법문　　장엄일법문삼매　　이인다라
以一切法門으로 莊嚴一法門三昧와 以因陀羅

망원행　　섭일체중생계삼매　　분별일체세
網願行으로 攝一切衆生界三昧와 分別一切世

계문삼매
界門三昧니라

승연화자재유보삼매　　지일체중생종종차
乘蓮華自在遊步三昧와 知一切衆生種種差

별신통지삼매　　영기신　　항현일체중생전
別神通智三昧와 令其身으로 恒現一切衆生前

아는 삼매와, 한 생각 동안에 그 몸이 법계에 두루하는 삼매이다.

 일승의 깨끗한 법계를 나타내는 삼매와, 넓은 문의 법계에 들어가서 큰 장엄을 나타내 보이는 삼매와, 일체 부처님의 법륜을 머물러 지니는 삼매이다.

 일체 법문으로 한 법문을 장엄하는 삼매와, 인다라 그물의 원행으로 일체 중생계를 거두어 주는 삼매와, 일체 세계의 문을 분별하는 삼매이다.

 연꽃을 타고 자재하게 걸어다니는 삼매와, 일체 중생의 갖가지로 차별한 신통 지혜를 아

삼매
三昧니라

지일체중생차별음성언사해삼매  지일체
知一切衆生差別音聲言辭海三昧와 知一切

중생차별지신통삼매  대비평등장삼매
衆生差別智神通三昧와 大悲平等藏三昧니라

일체불  입여래제삼매  관찰일체여래해
一切佛이 入如來際三昧와 觀察一切如來解

탈처사자빈신삼매
脫處師子頻申三昧니라

보살  이여시등불가설불찰미진수삼매
菩薩이 以如是等不可說佛刹微塵數三昧로

입비로자나여래염념충만일체법계삼매신
入毗盧遮那如來念念充滿一切法界三昧神

변해
變海니라

는 삼매와, 그 몸이 일체 중생 앞에 항상 나타나게 하는 삼매이다.

일체 중생의 차별한 음성과 말바다를 아는 삼매와, 일체 중생의 차별한 지혜 신통을 아는 삼매와, 대비가 평등한 창고 삼매이다.

일체 부처님의 여래 경계에 들어가는 삼매와, 일체 여래의 해탈하신 곳을 관찰하는 사자의 기운 뻗는 삼매이다.

보살이 이와 같은 등의 말할 수 없는 부처님 세계 미진수의 삼매로 비로자나여래의 생각생각 일체 법계에 가득한 삼매의 신통 변화 바다에 들어갔다.

其諸菩薩이 皆悉具足大智神通하야 明利自在하야 住於諸地하며 以廣大智로 普觀一切가 從諸智慧種性而生하야 一切智智가 常現在前하야 得離癡翳淸淨智眼하나라

爲諸衆生하야 作調御師하야 住佛平等하야 於一切法에 無有分別하며 了達境界하야 知諸世間이 性皆寂滅하야 無有依處하나라

普詣一切諸佛國土호대 而無所著하며 悉能觀

그 모든 보살들이 모두 다 큰 지혜 신통을 구족하였으니 밝고 예리함이 자재하여 모든 지위에 머무르며, 광대한 지혜로 일체가 모든 지혜의 종성에서 생겨남을 널리 관하며, 일체지의 지혜가 항상 앞에 나타나 어리석은 가림을 여읜 청정한 지혜 눈을 얻었다.

모든 중생들을 위하여 조어사가 되어 부처님의 평등하심에 머물러 일체 법에 분별이 없으며, 경계를 분명히 통달하여 모든 세간의 성품이 다 적멸하여 의지한 곳이 없음을 알았다.

일체 모든 부처님의 국토에 널리 나아가나 집

찰일체제법　　　이무소주　　　변입일체묘법
察一切諸法호대 而無所住하며 徧入一切妙法

궁전　　　이무소래　　　교화조복일체세간
宮殿호대 而無所來하며 敎化調伏一切世間하야

보위중생　　　현안은처
普爲衆生하야 現安隱處하나라

지혜해탈　　　위기소행　　　항이지신　　　주이
智慧解脫로 爲其所行하며 恒以智身으로 住離

탐제　　　초제유해　　　시진실제　　　지광원
貪際하며 超諸有海하야 示眞實際하며 智光圓

만　　　보견제법　　　주어삼매　　　견고부동
滿하야 普見諸法하며 住於三昧하야 堅固不動하며

어제중생　　　항기대비
於諸衆生에 恒起大悲하나라

지제법문　　　실개여환　　　일체중생　　　실개여
知諸法門이 悉皆如幻하고 一切衆生이 悉皆如

착한 바가 없으며, 일체 모든 법을 모두 능히 관찰하나 머무른 바가 없으며, 일체 미묘한 법의 궁전에 두루 들어가나 오는 바가 없으며, 일체 세간을 교화하고 조복하여 널리 중생들을 위하여 편안한 곳을 나타내었다.

지혜의 해탈로 그 행할 바를 삼고 항상 지혜의 몸으로 탐욕을 여읜 경계에 머무르며, 모든 존재바다를 벗어나 진실한 경계를 보이며, 지혜의 빛이 원만하여 모든 법을 널리 보며, 삼매에 머물러 견고하여 흔들리지 않으며, 모든 중생들에게 대비를 항상 일으켰다.

모든 법문이 모두 다 환과 같고, 일체 중생

몽         일체여래         실개여영         일체언음    실
夢하고 一切如來가 悉皆如影하고 一切言音이 悉

개여향         일체제법       실개여화
皆如響하고 一切諸法이 悉皆如化하니라

선능적집수승행원       지혜원만       청정선
善能積集殊勝行願하야 智慧圓滿하며 淸淨善

교     심극적정       선입일체총지경계         구
巧나 心極寂靜하며 善入一切總持境界하며 具

삼매력       용맹무겁       획명지안       주법계
三昧力하야 勇猛無怯하며 獲明智眼하야 住法界

제
際하니라

도일체법무소득처       수습무애지혜대해
到一切法無所得處하며 修習無涯智慧大海하며

도지바라밀구경피안       위반야바라밀지소
到智波羅蜜究竟彼岸하며 爲般若波羅蜜之所

이 모두 다 꿈과 같고, 일체 여래가 모두 다 그림자와 같고, 일체 말이 모두 다 메아리와 같고, 일체 모든 법이 모두 다 변화와 같음을 알았다.

　수승한 행원을 잘 능히 쌓아 모으며, 지혜가 원만하며, 방편이 청정하여 마음이 지극히 적정하며, 일체 총지의 경계에 잘 들어가며, 삼매의 힘을 구족하여 용맹하고 겁이 없으며, 밝은 지혜의 눈을 얻어 법계의 경계에 머물렀다.

　일체 법이 얻을 것 없는 곳에 이르며, 가없는 지혜의 큰 바다를 닦아 익히며, 지혜바라밀로 구경의 피안에 이르며, 반야바라밀의 거두어

섭지　　　이신통바라밀　　　보입세간　　　의삼
**攝持**하며 **以神通波羅蜜**로 **普入世間**하며 **依三**

매바라밀　　　득심자재
**昧波羅蜜**로 **得心自在**하니라

이부전도지　　　지일체의　　　이교분별지　　　개
**以不顚倒智**로 **知一切義**하며 **以巧分別智**로 **開**

시법장　　　이현료지　　　훈석문사　　　이대원
**示法藏**하며 **以現了智**로 **訓釋文辭**하며 **以大願**

력　　설법무진
**力**으로 **說法無盡**하니라

이무소외대사자후　　　상락관찰무의처법
**以無所畏大師子吼**로 **常樂觀察無依處法**하며

이정법안　　　보관일체　　　이정지월　　　조세
**以淨法眼**으로 **普觀一切**하며 **以淨智月**로 **照世**

성괴　　　이지혜광　　　조진실제
**成壞**하며 **以智慧光**으로 **照眞實諦**하니라

지니는 바가 되며, 신통바라밀로 세간에 널리 들어가며, 삼매바라밀을 의지하여 마음이 자재함을 얻었다.

뒤바뀌지 않는 지혜로 일체 이치를 알며, 교묘하게 분별하는 지혜로 법장을 열어 보이며, 환하게 아는 지혜로 글과 말을 해석하며, 큰 서원의 힘으로 법을 설함이 다함이 없었다.

두려운 바 없는 큰 사자후로 항상 의지할 곳이 없는 법을 관찰하기 좋아하며, 깨끗한 법의 눈으로 일체를 널리 관하며, 깨끗한 지혜의 달로 세간이 이루어지고 무너짐을 비추며, 지혜의 빛으로 진실한 진리를 비추었다.

福德智慧가 如金剛山하야 一切譬諭의 所不能
及이며 善觀諸法하야 慧根增長하며 勇猛精進하야
摧伏衆魔하며 無量智慧가 威光熾盛하니라

其身이 超出一切世間하야 得一切法無礙智
慧하며 善能悟解盡無盡際하며 住於普際하야 入
眞實際하며 無相觀智가 常現在前하니라

善巧成就諸菩薩行하며 以無二智로 知諸境
界하며 普見一切世間諸趣하며 徧往一切諸佛

복덕과 지혜는 금강산과 같아서 일체 비유로 미칠 수 없는 바이며, 모든 법을 잘 관하여 지혜의 뿌리가 증장하며, 용맹하게 정진하여 온갖 마를 꺾어 굴복시키며, 한량없는 지혜는 위엄과 광채가 치성하였다.

그 몸이 일체 세간에서 벗어났으며, 일체 법에 걸림 없는 지혜를 얻어 다함과 다함없는 경계를 잘 능히 깨달아 알며, 넓은 경계에 머물러 진실한 경계에 들어가며, 형상 없음을 관하는 지혜가 항상 앞에 나타났다.

교묘하게 모든 보살행을 성취하며, 둘이 없는 지혜로 모든 경계를 알며, 일체 세간의 모

국토         지등원만            어일체법        무제암
國土하며 智燈圓滿하야 於一切法에 無諸暗

장
障하니라

방정법광         조시방계         위제세간         진실
放淨法光하야 照十方界하며 爲諸世間의 眞實

복전         약견약문         소원개만         복덕고대
福田하야 若見若聞에 所願皆滿하며 福德高大하야

초제세간         용맹무외         최제외도         연미
超諸世間하며 勇猛無畏하야 摧諸外道하며 演微

묘음         변일체찰
妙音하야 徧一切刹하니라

보견제불         심무염족         어불법신         이득
普見諸佛호대 心無厭足하며 於佛法身에 已得

자재         수소응화         이위현신         일신    충
自在하며 隨所應化하야 而爲現身하며 一身이 充

든 갈래를 널리 보며, 일체 모든 부처님의 국토에 두루 가며, 지혜 등불이 원만하여 일체 법에 모든 어두움의 장애가 없었다.

깨끗한 법의 광명을 놓아 시방세계를 비추며, 모든 세간의 진실한 복밭이 되어 보고 들음에 원하는 바가 다 만족하며, 복덕이 높고 커서 모든 세간에서 뛰어나며, 용맹하고 두려움이 없어 모든 외도들을 꺾으며, 미묘한 음성을 펴서 일체 세계에 두루하였다.

널리 모든 부처님을 친견하되 마음이 만족해 싫어함이 없으며, 부처님 법의 몸에 이미 자재함을 얻었으며, 마땅히 교화할 바를 따라 몸

만일체불찰
**滿一切佛刹**하니라

이득자재청정신통　　승대지주　　소왕무
**已得自在淸淨神通**하며 **乘大智舟**하야 **所往無**

애　　지혜원만　　주변법계　　비여일출
**礙**하며 **智慧圓滿**하야 **周徧法界**하며 **譬如日出**하야

보조세간
**普照世間**하니라

수중생심　　현기색상　　지제중생　근성
**隨衆生心**하야 **現其色像**하며 **知諸衆生**의 **根性**

욕락　　입일체법무쟁경계　　지제법성
**欲樂**하며 **入一切法無諍境界**하며 **知諸法性**의

무생무기　　능령소대　　자재상입
**無生無起**하며 **能令小大**로 **自在相入**하니라

결료불지　심심지취　　이무진구　　설심심
**決了佛地**의 **甚深之趣**하며 **以無盡句**로 **說甚深**

을 나타내며, 한 몸이 일체 부처님 세계에 가득하였다.

이미 자재하여 청정한 신통을 얻었으며, 큰 지혜의 배를 타고 가는 바에 걸림이 없으며, 지혜가 원만하여 법계에 두루하니, 비유하면 해가 떠서 세간을 널리 비추는 것과 같다.

중생의 마음을 따라 그 색상을 나타내며, 모든 중생들의 근성과 욕락을 알며, 일체 법이 다툼 없는 경계에 들어가며, 모든 법의 성품이 남도 없고 일어남도 없음을 알며, 능히 크고 작은 것이 자재하여 서로 들어가게 하였다.

부처님 지위의 매우 깊은 뜻을 분명히 알며,

義하며 於一句中에 演說一切修多羅海하며 獲

大智慧陀羅尼身하야 凡所受持를 永無忘失하며

一念에 能憶無量劫事하니라

一念에 悉知三世一切諸衆生智하며 恒以一

切陀羅尼門으로 演說無邊諸佛法海하며 常

轉不退淸淨法輪하야 令諸衆生으로 皆生智

慧하니라

得佛境界智慧光明하야 入於善見甚深三昧하며

다함없는 글귀로 매우 깊은 이치를 말하며, 한 구절 가운데 일체 수다라바다를 연설하며, 큰 지혜의 다라니 몸을 얻어 무릇 받아 지닌 바를 영원히 잊지 않으며, 한 생각에 한량없는 겁의 일을 능히 기억하였다.

한 생각에 삼세 일체 모든 중생들의 지혜를 다 알며, 항상 일체 다라니문으로 가없는 모든 부처님의 법바다를 연설하며, 물러나지 않는 청정한 법륜을 항상 굴리어 모든 중생들이 다 지혜를 내게 하였다.

부처님 경계의 지혜 광명을 얻어서 잘 보는 매우 깊은 삼매에 들어가며, 일체 법의 장애

입일체법무장애제　　어일체법　　승지자
入一切法無障礙際하며 於一切法에 勝智自

재　　일체경계　　청정장엄　　보입시방일
在하며 一切境界에 淸淨莊嚴하며 普入十方一

체법계　　수기방소　　미불함지
切法界하야 隨其方所하야 靡不咸至하나니라

일일진중　　현성정각　　어무색성　　현일체
一一塵中에 現成正覺하야 於無色性에 現一切

색　　이일체방　　보입일방
色하며 以一切方으로 普入一方하나니라

기제보살　　구여시등무변복지공덕지장
其諸菩薩이 具如是等無邊福智功德之藏하야

상위제불지소칭탄　　종종언사　　설기공
常爲諸佛之所稱歎하니 種種言辭로 說其功

덕　　불능령진　　미불함재서다림중
德하야도 不能令盡이라 靡不咸在逝多林中하야

없는 경계에 들어가며, 일체 법에 수승한 지혜가 자재하며, 일체 경계를 청정하게 장엄하며, 시방의 일체 법계에 널리 들어가 그 방소를 따라서 다 이르지 않음이 없었다.

낱낱 티끌 속에 바른 깨달음 이룸을 나타내며, 색의 성품이 없는 데서 일체 색을 나타내며, 일체 방위로 한 방위에 널리 들어갔다.

그 모든 보살들이 이와 같은 등의 가없는 복과 지혜의 공덕 창고를 갖추어 항상 모든 부처님께서 칭찬하시는 바가 되니, 갖가지 말로 그 공덕을 설하여도 다하게 할 수 없었다. 모두 서다림 가운데 있으면서 여래 공덕의 큰 바다

심입여래공덕대해  실견어불광명소조
深入如來功德大海하야 悉見於佛光明所照러라

이시  제보살  득부사의정법광명  심대
爾時에 諸菩薩이 得不思議正法光明하야 心大

환희  각어기신  급이누각제장엄구  병
歡喜하사 各於其身과 及以樓閣諸莊嚴具와 幷

기소좌사자지좌  변서다림일체물중  화
其所坐師子之座와 徧逝多林一切物中에 化

현종종대장엄운  충만일체시방법계
現種種大莊嚴雲하야 充滿一切十方法界하나라

소위어염념중  방대광명운  충만시방
所謂於念念中에 放大光明雲하야 充滿十方하야

실능개오일체중생  출일체마니보령운
悉能開悟一切衆生하며 出一切摩尼寶鈴雲하야

에 깊이 들어가서 부처님의 광명이 비치는 것을 모두 보지 않음이 없었다.

이때에 모든 보살들이 부사의한 바른 법의 광명을 얻어서 마음이 크게 환희하여, 각각 그 몸과 그리고 누각의 모든 장엄거리와 그 앉은 바 사자좌와 서다림에 두루한 일체 물상 중에 갖가지 큰 장엄구름을 변화하여 나타내어 일체 시방 법계에 충만하였다.

이른바 생각생각 중에 큰 광명구름을 놓아 시방에 가득하여 모두 일체 중생을 능히 깨우치며, 일체 마니보배 풍경구름을 내어 시방에

충만시방　　　출미묘음　　　칭양찬탄삼세제
充滿十方하야 出微妙音하야 稱揚讚歎三世諸

불일체공덕
佛一切功德하나라

출일체음악운　　　충만시방　　　음중　　연설
出一切音樂雲하야 充滿十方하야 音中에 演說

일체중생　　제업과보　　　출일체보살종종원
一切衆生의 諸業果報하며 出一切菩薩種種願

행색상운　　　충만시방　　　설제보살　　소유
行色相雲하야 充滿十方하야 說諸菩薩의 所有

대원
大願하나라

출일체여래자재변화운　　　충만시방　　　연
出一切如來自在變化雲하야 充滿十方하야 演

출일체제불여래　　어언음성　　출일체보살
出一切諸佛如來의 語言音聲하며 出一切菩薩

가득하여 미묘한 음성을 내어서 삼세 모든 부처님의 일체 공덕을 칭찬하였다.

일체 음악구름을 내어 시방에 가득하여 소리 중에 일체 중생의 모든 업과 과보를 연설하며, 일체 보살의 갖가지 원행의 색상구름을 내어 시방에 가득하여 모든 보살들이 가진 큰 서원을 설하였다.

일체 여래의 자재하신 변화하는 구름을 내어 시방에 가득하여 일체 모든 부처님 여래의 말씀과 음성을 펴내며, 일체 보살의 상호로 장엄한 몸구름을 내어 시방에 가득하여 모든 여래의 일체 국토에 출현하시던 차례를 설하

상호장엄신운　　　충만시방　　　설제여래
相好莊嚴身雲하야 充滿十方하야 說諸如來의

어일체국토　　출흥차제
於一切國土에 出興次第하니라

출삼세여래도량운　　　충만시방　　　현일체
出三世如來道場雲하야 充滿十方하야 現一切

여래　　성등정각공덕장엄　　　출일체용왕
如來의 成等正覺功德莊嚴하며 出一切龍王

운　　충만시방　　우일체제향
雲하야 充滿十方하야 雨一切諸香하니라

출일체세주신운　　　충만시방　　　연설보현
出一切世主身雲하야 充滿十方하야 演說普賢

보살지행　　출일체보장엄청정불찰운
菩薩之行하며 出一切寶莊嚴淸淨佛刹雲하야

충만시방　　현일체여래　　전정법륜
充滿十方하야 現一切如來의 轉正法輪이라

였다.

 삼세 여래의 도량구름을 내어 시방에 가득하여 일체 여래께서 평등하고 바른 깨달음을 이루시는 공덕 장엄을 나타내며, 일체 용왕구름을 내어 시방에 가득하여 일체 모든 향을 비내렸다.

 일체 세주의 몸구름을 내어 시방에 가득하여 보현 보살의 행을 연설하며, 일체 보배로 장엄한 청정한 부처님 세계구름을 내어 시방에 가득하여 일체 여래의 바른 법륜 굴리심을 나타내었다.

 이 모든 보살들이 부사의한 법의 광명을 얻

시제보살   이득부사의법광명고   법응여
是諸菩薩이 以得不思議法光明故로 法應如

시출흥차등불가설불찰미진수대신변장엄
是出興此等不可說佛刹微塵數大神變莊嚴

운
雲하니라

이시   문수사리보살   승불신력   욕중선
爾時에 文殊師利菩薩이 承佛神力하야 欲重宣

차서다림중제신변사   관찰시방   이설
此逝多林中諸神變事하사 觀察十方하고 而說

송언
頌言하시니라

은 까닭으로 법이 응당 이와 같아서, 이러한 등의 말할 수 없는 부처님 세계 미진수의 큰 신통 변화로 장엄한 구름을 일으켰다.

이때에 문수사리 보살이 부처님의 위신력을 받들어 이 서다림 속의 모든 신통 변화한 일을 거듭 펴려고, 시방을 관찰하고 게송을 설하여 말씀하였다.

여응관차서다림
**汝應觀此逝多林**하라

이불위신광무제
**以佛威神廣無際**하며

일체장엄개시현
**一切莊嚴皆示現**하야

시방법계실충만
**十方法界悉充滿**이로다

시방일체제국토
**十方一切諸國土**의

무변품류대장엄
**無邊品類大莊嚴**이

어기좌등경계중
**於其座等境界中**에

색상분명개현현
**色像分明皆顯現**이로다

종제불자모공출
**從諸佛子毛孔出**

종종장엄보염운
**種種莊嚴寶燄雲**하며

급발여래미묘음
**及發如來微妙音**하야

변만시방일체찰
**徧滿十方一切刹**이로다

그대들은 마땅히 이 서다림을 살펴보라,
부처님 위신력으로 넓고 끝이 없으며
일체 장엄을 다 나타내 보여
시방 법계에 모두 충만하도다.

시방의 일체 모든 국토의
가없는 품류의 큰 장엄이
그 자리 등의 경계 가운데
색상으로 분명히 다 나타나도다.

모든 불자들의 모공에서
갖가지 장엄한 보배 불꽃구름을 내며
여래의 미묘한 음성을 내어
시방의 일체 세계에 두루 가득하도다.

보수화중현묘신  기신색상등범왕
**寶樹華中現妙身**하니 **其身色相等梵王**이라

종선정기이유보  진지위의항적정
**從禪定起而遊步**나 **進止威儀恒寂靜**이로다

여래일일모공내  상현난사변화신
**如來一一毛孔內**에 **常現難思變化身**호대

개여보현대보살  종종제상위엄호
**皆如普賢大菩薩**하야 **種種諸相爲嚴好**로다

서다림상허공중  소유장엄발묘음
**逝多林上虛空中**에 **所有莊嚴發妙音**하야

보설삼세제보살  성취일체공덕해
**普說三世諸菩薩**의 **成就一切功德海**로다

보배 나무 꽃에서 미묘한 몸을 나타내니
그 몸의 색상이 범왕과 같은지라
선정에서 일어나 거닐되
나아가고 멈추는 위의가 항상 고요하도다.


여래의 낱낱 모공 속에
항상 생각하기 어려운 변화한 몸을 나타내되
다 보현의 큰 보살과 같아서
갖가지 모든 모양으로 좋게 장엄하였도다.


서다림 위의 허공 중에서
있는 바 장엄이 미묘한 소리를 내어
삼세 모든 보살들이 성취한
일체 공덕바다를 널리 설하도다.

서다림중제보수
**逝多林中諸寶樹**가
역출무량묘음성
**亦出無量妙音聲**하야

연설일체제군생
**演說一切諸羣生**의
종종업해각차별
**種種業海各差別**이로다

임중소유중경계
**林中所有衆境界**가
실현삼세제여래
**悉現三世諸如來**하야

일일개기대신통
**一一皆起大神通**이
시방찰해미진수
**十方刹海微塵數**로다

시방소유제국토
**十方所有諸國土**의
일체찰해미진수
**一切刹海微塵數**가

실입여래모공중
**悉入如來毛孔中**하야
차제장엄개현도
**次第莊嚴皆現覩**로다

서다림 가운데 모든 보배 나무가
또한 한량없이 미묘한 음성을 내어
일체 모든 군생들의 갖가지 업바다가
각각 차별함을 연설하도다.


서다림 가운데 있는 온갖 경계가
삼세 모든 여래를 다 나타내어
낱낱이 모두 큰 신통을 일으킴이
시방의 세계바다 미진수로다.


시방에 있는 모든 국토의
일체 세계바다의 미진수가
여래의 모공 속에 모두 들어가서
차례로 장엄함을 다 환하게 보도다.

소유장엄개현불　　　　　수등중생변세간
**所有莊嚴皆現佛**호대　　**數等衆生徧世閒**하야

일일함방대광명　　　　　종종수의화군품
**一一咸放大光明**하야　　**種種隨宜化羣品**이로다

향염중화급보장　　　　　일체장엄수묘운
**香燄衆華及寶藏**과　　　**一切莊嚴殊妙雲**이

미불광대등허공　　　　　변만시방제국토
**靡不廣大等虛空**하야　　**徧滿十方諸國土**로다

시방삼세일체불　　　　　소유장엄묘도량
**十方三世一切佛**의　　　**所有莊嚴妙道場**이

어차원림경계중　　　　　일일색상개명현
**於此園林境界中**에　　　**一一色像皆明現**이로다

있는 바 장엄에서 다 부처님을 나타내되
중생과 같은 수효로 세간에 두루하여
낱낱이 다 큰 광명을 놓아서
갖가지로 마땅함을 따라 중생을 교화하도다.

향 불꽃과 온갖 꽃과 보배 창고와
일체 장엄된 수승하고 미묘한 구름이
광대하여 허공과 같지 아니함이 없어서
시방 모든 국토에 두루 가득하도다.

시방 삼세 일체 부처님의
있는 바 장엄한 미묘한 도량
이 동산의 서다림 경계 가운데
낱낱 색상들이 다 밝게 나타나도다.

일체보현제불자　　　　백천겁해장엄찰
一切普賢諸佛子의　　　百千劫海莊嚴刹이

기수무량등중생　　　　막불어차림중견
其數無量等衆生을　　　莫不於此林中見이로다


이시　　피제보살　　이불삼매광명조고　　즉
爾時에　彼諸菩薩이　以佛三昧光明照故로　即

시　　득입여시삼매　　일일개득불가설불찰
時에　得入如是三昧하야　一一皆得不可說佛刹

미진수대비문　　　　이익안락일체중생
微塵數大悲門하야　利益安樂一切衆生하니라

어기신상일일모공　　　개출불가설불찰미진
於其身上一一毛孔에　皆出不可說佛刹微塵

일체 보현과 모든 불자들의
백천 겁바다에 장엄한 세계가
그 수효가 한량없어 중생과 같음을
이 서다림 속에서 보지 않음이 없도다.


그때에 저 모든 보살들이 부처님의 삼매 광명이 비친 까닭으로 즉시 이와 같은 삼매에 들어갔으며, 낱낱이 말할 수 없는 부처님 세계 미진수의 대비의 문을 다 얻어서 일체 중생을 이익하고 안락하게 하였다.

그 몸의 낱낱 모공에서 다 말할 수 없는 부처님 세계 미진수의 광명을 내며, 낱낱 광명에

수광명    일일광명    개화현불가설불찰미
數光明하며 一一光明이 皆化現不可說佛刹微

진수보살
塵數菩薩하니라

기신형상    여세제주    보현일체중생지
其身形相이 如世諸主하야 普現一切衆生之

전    주잡변만시방법계    종종방편    교
前하야 周帀徧滿十方法界하야 種種方便으로 敎

화조복
化調伏하니라


혹현불가설불찰미진수제천궁전무상문
或現不可說佛刹微塵數諸天宮殿無常門하며

혹현불가설불찰미진수일체중생수생문
或現不可說佛刹微塵數一切衆生受生門하며

서 다 말할 수 없는 부처님 세계 미진수의 보살들을 변화하여 나타내었다.

 그 몸의 형상은 세간의 모든 주인과 같으며, 일체 중생의 앞에 널리 나타나서 시방 법계에 두루두루 가득하여 갖가지 방편으로 교화하고 조복하였다.

 혹은 말할 수 없는 부처님 세계 미진수의 모든 하늘 궁전의 무상한 문을 나타내며, 혹은 말할 수 없는 부처님 세계 미진수의 일체 중생의 태어나는 문을 나타내며, 혹은 말할 수 없는 부처님 세계 미진수의 일체 보살의 수행하

혹현불가설불찰미진수일체보살수행문
**或現不可說佛刹微塵數一切菩薩修行門**하며

혹현불가설불찰미진수몽경문
**或現不可說佛刹微塵數夢境門**하니라

혹현불가설불찰미진수보살대원문 혹현
**或現不可說佛刹微塵數菩薩大願門**하며 **或現**

불가설불찰미진수진동세계문 혹현불가
**不可說佛刹微塵數震動世界門**하며 **或現不可**

설불찰미진수분별세계문 혹현불가설불
**說佛刹微塵數分別世界門**하며 **或現不可說佛**

찰미진수현생세계문
**刹微塵數現生世界門**하니라

혹현불가설불찰미진수단바라밀문 혹현
**或現不可說佛刹微塵數檀波羅蜜門**하며 **或現**

는 문을 나타내며, 혹은 말할 수 없는 부처님 세계 미진수의 꿈 경계의 문을 나타내었다.

혹은 말할 수 없는 부처님 세계 미진수의 보살의 큰 서원의 문을 나타내며, 혹은 말할 수 없는 부처님 세계 미진수의 세계를 진동하는 문을 나타내며, 혹은 말할 수 없는 부처님 세계 미진수의 세계를 분별하는 문을 나타내며, 혹은 말할 수 없는 부처님 세계 미진수의 세계가 현재 생기는 문을 나타내었다.

혹은 말할 수 없는 부처님 세계 미진수의 보시바라밀 문을 나타내며, 혹은 말할 수 없는

불가설불찰미진수일체여래수제공덕종종
不可說佛刹微塵數一切如來修諸功德種種

고행시바라밀문
苦行尸波羅蜜門하나라

혹현불가설불찰미진수할절지체찬제바라
或現不可說佛刹微塵數割截肢體羼提波羅

밀문　　혹현불가설불찰미진수근수비리야
蜜門하며 或現不可說佛刹微塵數勤修毗梨耶

바라밀문
波羅蜜門하나라

혹현불가설불찰미진수일체보살수제삼매
或現不可說佛刹微塵數一切菩薩修諸三昧

선정해탈문　　혹현불가설불찰미진수불도
禪定解脫門하며 或現不可說佛刹微塵數佛道

원만지광명문
圓滿智光明門하나라

부처님 세계 미진수의 일체 여래께서 모든 공덕의 갖가지 고행을 닦으시는 지계바라밀 문을 나타내었다.

혹은 말할 수 없는 부처님 세계 미진수의 사지와 몸을 도려내는 인욕바라밀 문을 나타내며, 혹은 말할 수 없는 부처님 세계 미진수의 부지런히 닦는 정진바라밀 문을 나타내었다.

혹은 말할 수 없는 부처님 세계 미진수의 일체 보살이 모든 삼매를 닦는 선정 해탈문을 나타내며, 혹은 말할 수 없는 부처님 세계 미진수의 부처님의 도가 원만한 지혜의 광명 문을 나타내었다.

혹은 말할 수 없는 부처님 세계 미진수의 부

혹현불가설불찰미진수근구불법　위일문
或現不可說佛刹微塵數勤求佛法에 爲一文

일구고　　사무수신명문　　혹현불가설불찰
一句故로 捨無數身命門하며 或現不可說佛刹

미진수친근일체불　　자문일체법　　심무
微塵數親近一切佛하야 諮問一切法호대 心無

피염문
疲厭門하나라

혹현불가설불찰미진수수제중생　시절욕
或現不可說佛刹微塵數隨諸衆生의 時節欲

락　　왕예기소　　방편성숙　　영주일체
樂하야 往詣其所하야 方便成熟하야 令住一切

지해광명문　　혹현불가설불찰미진수항복
智海光明門하며 或現不可說佛刹微塵數降伏

중마　　제제외도　　현현보살복지력문
衆魔하고 制諸外道하야 顯現菩薩福智力門하나라

처님 법을 부지런히 구함에 한 문장과 한 글귀를 위하는 까닭으로 수없는 몸과 목숨을 버리는 문을 나타내며, 혹은 말할 수 없는 부처님 세계 미진수의 일체 부처님을 친근하여 일체 법을 묻되 마음에 피로해하거나 싫어함이 없는 문을 나타내었다.

혹은 말할 수 없는 부처님 세계 미진수의 모든 중생들의 시절과 욕락을 따라 그곳에 나아가서 방편으로 성숙시켜 일체 지혜바다의 광명에 머무르게 하는 문을 나타내며, 혹은 말할 수 없는 부처님 세계 미진수의 온갖 마를 항복 받고 모든 외도들을 제어하여 보살의 복

或現不可說佛剎微塵數知一切工巧明智
門하며 或現不可說佛剎微塵數知一切衆生差
別明智門하나라

或現不可說佛剎微塵數知一切法差別明智
門하며 或現不可說佛剎微塵數知一切衆生心
樂差別明智門하나라

或現不可說佛剎微塵數知一切衆生根行煩
惱習氣明智門하며 或現不可說佛剎微塵數知

과 지혜의 힘을 드러내는 문을 나타내었다.

혹은 말할 수 없는 부처님 세계 미진수의 일체 기술을 아는 밝은 지혜의 문을 나타내며, 혹은 말할 수 없는 부처님 세계 미진수의 일체 중생의 차별을 아는 밝은 지혜의 문을 나타내었다.

혹은 말할 수 없는 부처님 세계 미진수의 일체 법의 차별을 아는 밝은 지혜의 문을 나타내며, 혹은 말할 수 없는 부처님 세계 미진수의 일체 중생의 마음에 좋아함의 차별을 아는 밝은 지혜의 문을 나타내었다.

혹은 말할 수 없는 부처님 세계 미진수의 일체 중생의 근성과 행동과 번뇌와 습기를 아는

일체중생종종업명지문　　　혹현불가설불찰
一切衆生種種業明智門하며 或現不可說佛刹

미진수개오일체중생문
微塵數開悟一切衆生門하나라

이여시등불가설불찰미진수방편문　　　왕예
以如是等不可說佛刹微塵數方便門으로 往詣

일체중생주처　　이성숙지
一切衆生住處하야 而成熟之하나라

소위혹왕천궁　　　혹왕용궁　　　혹왕야차건
所謂或往天宮하며 或往龍宮하며 或往夜叉乾

달바아수라가루라긴나라마후라가궁　　　혹
闥婆阿脩羅迦樓羅緊那羅摩睺羅伽宮하며 或

왕범왕궁　　혹왕인왕궁　　혹왕염라왕궁
往梵王宮하며 或往人王宮하며 或往閻羅王宮하며

밝은 지혜의 문을 나타내며, 혹은 말할 수 없는 부처님 세계 미진수의 일체 중생의 갖가지 업을 아는 밝은 지혜의 문을 나타내며, 혹은 말할 수 없는 부처님 세계 미진수의 일체 중생을 깨우치는 문을 나타내었다.

이와 같은 등 말할 수 없는 부처님 세계 미진수의 방편문으로 일체 중생이 머무르는 곳에 나아가서 그들을 성숙하게 한다.

이른바 혹은 천궁에 가며, 혹은 용궁에 가며, 혹은 야차와 건달바와 아수라와 가루라와 긴나라와 마후라가의 궁에 가며, 혹은 범왕궁

혹왕축생아귀지옥지소주처
或往畜生餓鬼地獄之所住處하나니라

이평등대비   평등대원   평등지혜   평등방
以平等大悲와 平等大願과 平等智慧와 平等方

편       섭제중생
便으로 攝諸衆生하나니라

혹유견이이조복자     혹유문이이조복자
或有見已而調伏者하며 或有聞已而調伏者하며

혹유억념이조복자    혹문음성이조복자    혹
或有憶念而調伏者하며 或聞音聲而調伏者며 或

문명호이조복자    혹견원광이조복자    혹
聞名號而調伏者며 或見圓光而調伏者며 或

견광망이조복자
見光網而調伏者라

수제중생심지소락       개예기소     영기획
隨諸衆生心之所樂하야 皆詣其所하야 令其獲

에 가며, 혹은 인간 왕의 궁에 가며, 혹은 염라왕의 궁에 가며, 혹은 축생과 아귀와 지옥의 머무르는 곳에 간다.

평등한 대비와 평등한 대원과 평등한 지혜와 평등한 방편으로 모든 중생들을 거둔다.

혹은 보고 나서 조복되는 자가 있고, 혹은 듣고 나서 조복되는 자가 있고, 혹은 생각하고 조복되는 자가 있고, 혹은 음성을 듣고 조복되는 자이며, 혹은 이름을 듣고 조복되는 자이며, 혹은 둥근 광명을 보고 조복되는 자이며, 혹은 광명 그물을 보고 조복되는 자이다.

모든 중생들의 마음에 좋아하는 바를 따라

익
益케하나니라

불자  차서다림일체보살   위욕성숙제중
佛子야 此逝多林一切菩薩이 爲欲成熟諸衆

생고   혹시현처종종엄식제궁전중    혹시
生故로 或時現處種種嚴飾諸宮殿中하며 或時

시현주자누각보사자좌    도량중회   소공
示現住自樓閣寶師子座하야 道場衆會의 所共

위요   주변시방   개령득견   연역불리
圍遶로 周徧十方하야 皆令得見이나 然亦不離

차서다림여래지소
此逝多林如來之所하나니라

불자  차제보살   혹시시현무량화신운
佛子야 此諸菩薩이 或時示現無量化身雲하며

그들의 처소에 다 나아가서 그들이 이익을 얻게 한다.

"불자들이여, 이 서다림의 일체 보살이 모든 중생들을 성숙시키려는 까닭으로 혹 어떤 때에는 갖가지로 장엄하게 꾸민 모든 궁전 가운데 머무름을 나타내고, 혹 어떤 때에는 자신의 누각에서 보배 사자좌에 머물러 도량에 모인 대중들에게 함께 둘러싸인 바로 시방에 두루하여 다 보게 함을 나타내 보이지만, 그러나 또한 이 서다림 여래의 처소를 여의지 아니한다.

불자들이여, 이 모든 보살들이 혹 어떤 때에

혹현기신　　독일무려
**或現其身**이 **獨一無侶**하나니라

소위혹현사문신　　혹현바라문신　　혹현
**所謂或現沙門身**하며 **或現婆羅門身**하며 **或現**

고행신　　혹현충성신
**苦行身**하며 **或現充盛身**하나니라

혹현의왕신　　혹현상주신　　혹현정명
**或現醫王身**하며 **或現商主身**하며 **或現淨命**

신　　혹현기악신　　혹현봉사제천신　　혹
**身**하며 **或現妓樂身**하며 **或現奉事諸天身**하며 **或**

현공교기술신
**現工巧技術身**하나니라

왕예일체촌영성읍왕도취락제중생소　　수
**往詣一切村營城邑王都聚落諸衆生所**하야 **隨**

기소응　　이종종형상　　종종위의　　종종음
**其所應**하야 **以種種形相**과 **種種威儀**와 **種種音**

는 한량없는 화신구름을 나타내 보이며, 혹은 그 몸이 홀로 짝이 없음을 나타내 보인다.

이른바 혹 사문의 몸을 나타내며, 혹 바라문의 몸을 나타내며, 혹 고행하는 몸을 나타내며, 혹 충실하고 왕성한 몸을 나타낸다.

혹 의왕의 몸을 나타내며, 혹 장사하는 주인의 몸을 나타내며, 혹 깨끗이 생활하는 몸을 나타내며, 혹 기악하는 몸을 나타내며, 혹 모든 천신들을 받들어 섬기는 몸을 나타내며, 혹 공교한 기술자의 몸을 나타낸다.

일체 시골과 도시와 수도와 마을의 모든 중생들의 처소에 나아가서 그 마땅한 바를 따라,

聲과 種種言論과 種種住處로 於一切世間에 猶
如帝網하야 行菩薩行하나라

或說一切世間工巧事業하며 或說一切智慧照
世明燈하며 或說一切衆生業力所莊嚴하며 或
說十方國土建立諸乘位하며 或說智燈所照一
切法境界하나라

敎化成就一切衆生호대 而亦不離此逝多林如
來之所하나라

갖가지 형상과 갖가지 위의와 갖가지 음성과 갖가지 언론과 갖가지 머무르는 곳으로 일체 세간에서 마치 제석천의 그물과 같이 하여 보살행을 행한다.

혹은 일체 세간의 공교한 사업을 설하며, 혹은 일체 지혜로 세상을 비추는 밝은 등불을 설하며, 혹은 일체 중생의 업력으로 장엄하는 것을 설하며, 혹은 시방 국토에서 모든 탈것을 세우는 지위를 설하며, 혹은 지혜 등불이 비추는 바 일체 법의 경계를 설한다.

일체 중생을 교화하여 성취하되 또한 이 서다림 여래의 처소를 여의지 아니한다."

이시     문수사리동자     종선주누각출
爾時에 文殊師利童子가 從善住樓閣出하사

여무량동행보살     급상수시위제금강신
與無量同行菩薩과 及常隨侍衛諸金剛神과

보위중생공양제불제신중신     구발견서
普爲衆生供養諸佛諸身衆神과 久發堅誓

원상수종제족행신     낙문묘법주지신     상
願常隨從諸足行神과 樂聞妙法主地神과 常

수대비주수신     지광조요주화신     마니위
修大悲主水神과 智光照耀主火神과 摩尼爲

관주풍신     명련시방일체의식주방신     전
冠主風神과 明練十方一切儀式主方神과 專

근제멸무명흑암주야신     일심비해천명
勤除滅無明黑暗主夜神과 一心匪懈闡明

불일주주신     장엄법계일체허공주공신     보
佛日主晝神과 莊嚴法界一切虛空主空神과 普

그때에 문수사리 동자가 선주누각으로부터 나와서 한량없는 함께 수행하는 보살들과, 그리고 항상 따르고 시위하는 모든 금강신들과, 널리 중생들을 위하여 모든 부처님께 공양올리는 모든 신중신들과, 오랫동안 견고한 서원을 내어 항상 따르는 모든 족행신들과, 미묘한 법을 듣기 즐겨하는 주지신들과, 항상 대비를 닦는 주수신들과, 지혜 빛으로 밝게 비추는 주화신들과, 마니로 관을 한 주풍신들과, 시방의 일체 의식을 밝게 단련하는 주방신들과, 무명의 어둠을 오로지 부지런히 멸하여 없애는 주야신들과, 일심으로 부처님 해를 게으르지

度衆生超諸有海主海神과 常勤積集趣一
切智助道善根高大如山主山神과 常勤守護
一切衆生菩提心城主城神과 常勤守護一切
智智無上法城諸大龍王과 常勤守護一切衆
生諸夜叉王과 常令衆生增長歡喜乾闥婆
王과 常勤除滅諸餓鬼趣鳩槃茶王과 恒願拔
濟一切衆生出諸有海迦樓羅王과 願得成
就諸如來身高出世間阿脩羅王과 見佛歡

않고 밝히는 주주신들과, 법계의 일체 허공을 장엄하는 주공신들과, 널리 중생들을 제도하여 모든 존재바다를 벗어나게 하는 주해신들과, 일체지에 나아가는 도를 돕는 선근을 항상 부지런히 쌓아 모으는 높고 큰 산과 같은 주산신들과, 일체 중생의 보리심의 성을 항상 부지런히 수호하는 주성신들과, 일체지의 지혜와 위없는 법의 성을 항상 부지런히 수호하는 모든 큰 용왕들과, 일체 중생을 항상 부지런히 수호하는 모든 야차왕들과, 항상 중생들이 환희를 증장하게 하는 건달바왕들과, 모든 아귀의 길을 항상 부지런히 멸하여 없애는 구반

희곡궁공경마후라가왕　　상염생사항락
喜曲躬恭敬摩睺羅伽王과 常厭生死恒樂

견불제대천왕　　존중어불찬탄공양제대
見佛諸大天王과 尊重於佛讚歎供養諸大

범왕
梵王하니라

문수사리　　여여시등공덕장엄제보살중
文殊師利가 與如是等功德莊嚴諸菩薩衆으로

출자주처　　내예불소　　우요세존　　경무
出自住處하사 來詣佛所하사 右遶世尊하야 經無

량잡　　이제공구　　종종공양
量帀하며 以諸供具로 種種供養하니라

공양필이　　사퇴남행　　왕어인간
供養畢已에 辭退南行하야 往於人間하시니라

다왕들과, 일체 중생을 구제하여 모든 존재바다에서 벗어나기를 항상 서원하는 가루라왕들과, 모든 여래의 몸을 성취하여 세간에서 벗어나기를 원하는 아수라왕들과, 부처님을 친견하고 환희하여 몸을 굽혀 공경하는 마후라가왕들과, 생사를 항상 싫어하고 부처님 친견하기를 항상 좋아하는 모든 큰 천왕들과, 부처님을 존중하고 찬탄하며 공양올리는 모든 큰 범왕들과 함께하였다.

문수사리가 이와 같은 등의 공덕으로 장엄한 모든 보살대중들과, 머무르던 곳에서 나와 부처님 처소에 나아가 세존을 오른쪽으로 한

이시 존자사리불 승불신력 견문수사
爾時에 尊者舍利弗이 承佛神力하야 見文殊師

리보살 여제보살중회장엄 출서다림
利菩薩이 與諸菩薩衆會莊嚴으로 出逝多林하사

왕어남방 유행인간 작여시념 아
往於南方하야 遊行人間하고 作如是念하사대 我

금당여문수사리 구왕남방
今當與文殊師利로 俱往南方호리라하니라

시 존자사리불 여육천비구 전후위요
時에 尊者舍利弗이 與六千比丘로 前後圍遶하야

출자주처 내예불소 정례불족 구백
出自住處하야 來詣佛所하사 頂禮佛足하고 具白

세존 세존 청허 우요삼잡 사퇴
世尊하신대 世尊이 聽許어시늘 右遶三帀하고 辭退

이거 왕문수사리소
而去하야 往文殊師利所하시니라

량없이 돌며 모든 공양거리로써 갖가지로 공양올렸다.

공양올리기를 마치고는 하직하고 물러나 남쪽으로 가서 인간 세계로 갔다.

그때에 사리불 존자가 부처님의 위신력을 받들어 문수사리 보살이 모든 보살 대중모임과 더불어 장엄하고 서다림에서 나와 남방으로 가서 인간에 유행하는 것을 보고 이와 같은 생각을 하였다. '나도 지금 곧 문수사리와 함께 남방으로 가리라.'

그때에 존자 사리불이 육천 비구들과 더불

차육천비구  시사리불  자소동주  출가미
此六千比丘는 是舍利弗의 自所同住라 出家未

구
久니라

소위해각비구  선생비구  복광비구  대동
所謂海覺比丘와 善生比丘와 福光比丘와 大童

자비구  전생비구  정행비구  천덕비구
子比丘와 電生比丘와 淨行比丘와 天德比丘와

군혜비구  범승비구  적혜비구  여시등기
君慧比丘와 梵勝比丘와 寂慧比丘라 如是等其

수육천
數六千이니라

실증공양무량제불  심식선근  해력
悉曾供養無量諸佛하야 深植善根하며 解力

광대  신안명철  기심관박  관불경
廣大하며 信眼明徹하며 其心寬博하며 觀佛境

어 앞뒤로 둘러싸고 머무르던 곳에서 나와 부처님 처소에 나아가 부처님 발에 정례하고 세존께 갖추어 말씀드리니, 세존께서 듣고 허락하시므로 오른쪽으로 세 번 돌고 하직하고 물러나 문수사리의 처소로 갔다.

이 육천 비구들은 사리불과 스스로 함께 머물렀던 이들로, 출가한 지 오래되지 않았다.

이른바 해각 비구와 선생 비구와 복광 비구와 대동자 비구와 전생 비구와 정행 비구와 천덕 비구와 군혜 비구와 범승 비구와 적혜 비구이다. 이와 같은 등 그 수가 육천이었다.

모두 일찍이 한량없는 모든 부처님께 공양올

界하며 了法本性하며 饒益衆生하며 常樂勤求諸

佛功德하니 皆是文殊師利의 說法敎化之所成

就러라

爾時에 尊者舍利弗이 在行道中하야 觀諸比

丘하고 告海覺言하시니라

海覺아 汝可觀察文殊師利菩薩淸淨之身의

相好莊嚴을 一切天人이 莫能思議어다

汝可觀察文殊師利의 圓光映徹하야 令無量衆

려서, 선근을 깊이 심어 이해하는 힘이 광대하며, 믿음의 눈이 밝게 사무치며, 그 마음이 너그럽고 넓으며, 부처님의 경계를 관찰하며, 법의 본성품을 알며, 중생들을 요익하게 하며, 항상 즐거이 모든 부처님의 공덕을 부지런히 구하니, 모두 문수사리가 법을 설하여 교화하고 성취시킨 이들이었다.

이때에 사리불 존자가 길을 가던 중에 모든 비구들을 살펴보고 해각에게 말하였다.

"해각이여, 그대는 문수사리 보살의 청정한 몸의 상호 장엄을 일체 천신이나 사람들이 생각하여 헤아릴 수 없음을 살펴보라.

생  발환희심
生으로 發歡喜心이어다

여가관찰문수사리  광망장엄  제멸중생
汝可觀察文殊師利의 光網莊嚴이 除滅衆生의

무량고뇌
無量苦惱어다

여가관찰문수사리  중회구족  개시보살
汝可觀察文殊師利의 衆會具足이 皆是菩薩

왕석선근지소섭수
往昔善根之所攝受어다

여가관찰문수사리  소행지로  좌우팔보
汝可觀察文殊師利의 所行之路에 左右八步가

평탄장엄
平坦莊嚴이어다

여가관찰문수사리  소주지처  주회시방
汝可觀察文殊師利의 所住之處에 周迴十方에

그대는 문수사리의 원만한 광명이 사무쳐 비치어 한량없는 중생들에게 환희심을 내게 함을 살펴보라.

그대는 문수사리의 광명 그물 장엄이 중생들의 한량없는 고뇌를 멸하여 없앰을 살펴보라.

그대는 문수사리의 대중모임이 구족함은 다 보살이 지난 옛적의 선근으로 거두어 준 것임을 살펴보라.

그대는 문수사리의 다니는 길에 좌우로 여덟 걸음씩 평탄하게 장엄되었음을 살펴보라.

그대는 문수사리의 머무르는 처소에는 시방

상유도량　수축이전
**常有道場**이 **隨逐而轉**이어다

여가관찰문수사리　소행지로　구족무량
**汝可觀察文殊師利**의 **所行之路**가 **具足無量**

복덕장엄　　좌우양변　유대복장　　종종
**福德莊嚴**하야 **左右兩邊**에 **有大伏藏**하야 **種種**

진보　자연이출
**珍寶**가 **自然而出**이어다

여가관찰문수사리　증공양불　　선근소
**汝可觀察文殊師利**가 **曾供養佛**하야 **善根所**

류　일체수간　출장엄장
**流**로 **一切樹間**에 **出莊嚴藏**이어다

여가관찰문수사리　제세간주　우공구운
**汝可觀察文殊師利**에 **諸世間主**가 **雨供具雲**하고

정례공경　　이위공양
**頂禮恭敬**하야 **以爲供養**이어다

에 두루하게 항상 있는 도량이 따라서 움직임을 살펴보라.

그대는 문수사리의 다니는 길이 한량없는 복덕의 장엄을 구족하여 좌우 양쪽에 큰 묻힌 창고가 있어서 갖가지 진귀한 보배가 저절로 나옴을 살펴보라.

그대는 문수사리가 일찍이 부처님께 공양올린 선근에서 흘러나온 바로 일체 나무 사이에서 장엄한 창고를 냄을 살펴보라.

그대는 문수사리에게 모든 세간의 주인들이 공양거리구름을 비내리고 정례하며 공경하고 공양올림을 살펴보라.

여가관찰문수사리 시방일체제불여래
汝可觀察文殊師利에 十方一切諸佛如來가

장설법시 실방미간백호상광 내조기
將說法時에 悉放眉間白毫相光하사 來照其

신 종정상입
身하고 從頂上入이어다

이시 존자사리불 위제비구 칭양찬탄
爾時에 尊者舍利弗이 爲諸比丘하사 稱揚讚歎

개시연설문수사리동자 유여시등무량공
開示演說文殊師利童子의 有如是等無量功

덕구족장엄
德具足莊嚴하시니라

피제비구 문시설이 심의청정 신해견
彼諸比丘가 聞是說已에 心意淸淨하고 信解堅

고 희부자지 거신용약 형체유연
固하며 喜不自持하야 擧身踊躍하며 形體柔軟하고

그대는 문수사리에게 시방의 일체 모든 부처님 여래께서 장차 법을 설하시려 할 때에 다 미간의 백호상 광명을 놓으시어, 와서 그 몸을 비추고 정수리로 들어감을 살펴보라."

그때에 존자 사리불이 모든 비구들을 위하여, 문수사리 동자의 이와 같은 등 한량없는 공덕으로 구족하게 장엄하였음을 칭찬하며 열어 보이고 연설하였다.

그 모든 비구들이 이 말씀을 듣고는 마음이 청정하며, 믿고 이해함이 견고하며, 기쁨을 스스로 지니지 못하여 온몸으로 뛰놀며, 형체가 부드럽고 모든 근이 즐거우며, 근심과 괴로움은

제근열예　　우고실제　　구장함진
**諸根悅豫**하며 **憂苦悉除**하고 **垢障咸盡**하나라

상견제불　　심구정법　　구보살근　　득보
**常見諸佛**하야 **深求正法**하며 **具菩薩根**하고 **得菩**

살력
**薩力**하나라

대비대원　　개자출생　　입어제도　　심심경
**大悲大願**이 **皆自出生**하며 **入於諸度**의 **甚深境**

계　　시방불해　　상현재전
**界**하며 **十方佛海**가 **常現在前**하나라

어일체지　　심생신락　　　즉백존자사리불
**於一切智**에 **深生信樂**하야 **即白尊者舍利弗**

언　　유원대사　　장인아등　　왕예어피승
**言**호대 **唯願大師**는 **將引我等**하사 **往詣於彼勝**

인지소
**人之所**하소서

모두 없어지고 더러움과 장애가 모두 다하였다.

모든 부처님을 항상 친견하고 바른 법을 깊이 구하며, 보살의 근기를 갖추고 보살의 힘을 얻었다.

대비와 대원이 다 저절로 출생하며, 모든 바라밀의 매우 깊은 경계에 들어가며, 시방의 부처님바다가 항상 앞에 나타났다.

일체지에 깊이 믿고 좋아함을 내어서 곧 사리불 존자에게 말씀드리기를 "오직 원하오니, 대사께서는 장차 우리들을 이끌어 저 수승한 분의 처소에 나아가게 하소서."라고 하였다.

그때에 사리불이 곧 함께 가서 그 처소에 이

시   사리불   즉여구행   지기소이   백
時에 舍利弗이 卽與俱行하사 至其所已에 白

언
言하니라

인자   차제비구   원득봉근
仁者하 此諸比丘가 願得奉覲하나이다

이시   문수사리동자   무량자재보살위요
爾時에 文殊師利童子가 無量自在菩薩圍遶하사

병기대중   여상왕회   관제비구
幷其大衆으로 如象王迴하야 觀諸比丘하시니라

시제비구   정례기족   합장공경   작여
時諸比丘가 頂禮其足하고 合掌恭敬하야 作如

시언
是言하니라

아금봉견   공경예배   급여소유일체선
我今奉見하고 恭敬禮拜하며 及餘所有一切善

르러 말씀드렸다.

"어지신 이여, 이 모든 비구들이 받들어 뵙기를 원합니다."

그때에 문수사리 동자가 한량없는 자재한 보살들에게 둘러싸여서 그 대중들과 함께 마치 코끼리왕이 돌아보듯이 모든 비구들을 살펴보았다.

이때에 모든 비구들이 그의 발에 정례하고 합장하며 공경하여 이와 같이 말하였다.

"저희들이 지금 받들어 뵙고 공경하고 예배하며 그 밖의 있는 바 일체 선근을, 어지신 이 문수사리와 화상이신 사리불과 석가모니 세존께

根을 唯願仁者文殊師利와 和尙舍利弗과 世尊

釋迦牟尼가 皆悉證知하시니라

如仁所有如是色身과 如是音聲과 如是相好와

如是自在하야 願我一切를 悉當具得하야지이다

爾時에 文殊師利菩薩이 告諸比丘言하시니라

比丘야 若善男子善女人이 成就十種趣大乘

法하면 則能速入如來之地어든 況菩薩地야

何者가 爲十고

서 모두 다 증명하여 아시기를 오직 원합니다.

어지신 이께서 지니신 바 이와 같은 색신과 이와 같은 음성과 이와 같은 상호와 이와 같은 자재하심과 같이, 저희들이 일체를 모두 마땅히 갖추어 얻기를 원합니다."

이때에 문수사리 보살이 모든 비구들에게 말씀하였다.

"비구들이여, 만약 선남자와 선여인이 열 가지 대승으로 나아가는 법을 성취하면 곧 능히 여래의 지위에 빨리 들어갈 것인데, 하물며 보살의 지위이겠는가?

무엇이 열인가?

所謂積集一切善根호대 心無疲厭하며 見一切佛하고 承事供養호대 心無疲厭하며 求一切佛法호대 心無疲厭하니라

行一切波羅蜜호대 心無疲厭하며 成就一切菩薩三昧호대 心無疲厭하며 次第入一切三世호대 心無疲厭하니라

普嚴淨十方佛刹호대 心無疲厭하며 教化調伏一切衆生호대 心無疲厭하며 於一切刹一切劫

이른바 일체 선근을 쌓아 모으되 마음이 피로해하거나 싫어하지 않으며, 일체 부처님을 친견하고 받들어 섬기고 공양올리되 마음이 피로해하거나 싫어하지 않으며, 일체 부처님의 법을 구하되 마음이 피로해하거나 싫어하지 않는다.

일체 바라밀을 행하되 마음이 피로해하거나 싫어하지 않으며, 일체 보살의 삼매를 성취하되 마음이 피로해하거나 싫어하지 않으며, 일체 삼세에 차례로 들어가되 마음이 피로해하거나 싫어하지 않는다.

시방의 부처님 세계를 널리 깨끗이 장엄하되 마음이 피로해하거나 싫어하지 않으며, 일체 중

中에 成就菩薩行호대 心無疲厭하시나라

爲成熟一衆生故로 修行一切佛刹微塵數波
羅蜜하야 成就如來十力하고 如是次第爲成熟
一切衆生界하야 成就如來一切力호대 心無疲
厭이니라

比丘야 若善男子善女人이 成就深信하야 發此
十種無疲厭心하며 則能長養一切善根하며 捨
離一切諸生死趣하며 超過一切世間種姓하며

생을 교화하고 조복하되 마음이 피로해하거나 싫어하지 않으며, 일체 세계 일체 겁 중에 보살행을 성취하되 마음이 피로해하거나 싫어하지 않는다.

한 중생을 성숙케 하기 위한 까닭으로 일체 부처님 세계 미진수의 바라밀을 수행하여 여래의 열 가지 힘을 성취하며, 이와 같이 차례로 일체 중생계를 성숙케 하기 위하여 여래의 일체 힘을 성취하되 마음이 피로해하거나 싫어하지 않는다.

비구들이여, 만약 선남자와 선여인이 깊은 믿음을 성취하고 이 열 가지 피로해하거나 싫어하지 않는 마음을 내면, 곧 능히 일체 선근을 기르며, 일체 모든 생사의 길을 버려 여의

불타성문벽지불지
不墮聲聞辟支佛地하나라

생일체여래가　　구일체보살원　　학습
生一切如來家하며 具一切菩薩願하며 學習

일체여래공덕　　수행일체보살제행
一切如來功德하며 修行一切菩薩諸行하며

득여래력　　최복중마　　급제외도　　역
得如來力하야 摧伏衆魔와 及諸外道하며 亦

능제멸일체번뇌　　입보살지　　근여래
能除滅一切煩惱하고 入菩薩地하야 近如來

지
地하리라

시제비구　　문차법이　　즉득삼매　　명무
時諸比丘가 聞此法已하고 則得三昧하니 名無

애안견일체불경계
礙眼見一切佛境界니라

며, 일체 세간의 종성을 초월하며, 성문과 벽지불의 지위에 떨어지지 않는다.

일체 여래가에 태어나며, 일체 보살의 원을 갖추며, 일체 여래의 공덕을 배우고 익히며, 일체 보살의 모든 행을 닦아 익히며, 여래의 힘을 얻어서 온갖 마와 모든 외도들을 꺾어 굴복시키며, 또한 능히 일체 번뇌를 멸하여 없애고 보살의 지위에 들어가서 여래의 지위에 가까워질 것이다."

이때에 모든 비구들이 이 법을 듣고는 곧 삼매를 얻으니, 이름이 '걸림 없는 눈으로 일체 부처님의 경계를 봄'이다.

득차삼매고　　실견시방무량무변일체세계
**得此三昧故**로 **悉見十方無量無邊一切世界**

제불여래　　급기소유도량중회　　　역실견피
**諸佛如來**와 **及其所有道場衆會**하며 **亦悉見彼**

시방세계일체제취소유중생
**十方世界一切諸趣所有衆生**하니라

역실견피일체세계종종차별　　　역실견피
**亦悉見彼一切世界種種差別**하며 **亦悉見彼**

일체세계소유미진　　　역실견피제세계중
**一切世界所有微塵**하며 **亦悉見彼諸世界中**

일체중생　　소주궁전　　이종종보　　이위장
**一切衆生**의 **所住宮殿**이 **以種種寶**로 **而爲莊**

엄
**嚴**하니라

급역문피제불여래종종언음　　　연설제법
**及亦聞彼諸佛如來種種言音**으로 **演說諸法**하야

이 삼매를 얻은 까닭으로 시방의 한량없고 가없는 일체 세계의 모든 부처님 여래와 그 있는 바 도량의 대중모임을 모두 보며, 또한 그 시방세계의 일체 모든 갈래에 있는 중생들도 모두 보았다.

또한 그 일체 세계의 갖가지 차별을 모두 보며, 또한 그 일체 세계에 있는 미진을 모두 보며, 또한 그 모든 세계 가운데 일체 중생의 머무르는 바 궁전이 갖가지 보배로 장엄되었음을 모두 보았다.

그리고 또한 그 모든 부처님 여래께서 갖가지 말로 모든 법을 연설하심을 듣고 말씀과

문사훈석   실개해료      역능관찰피세계중
**文辭訓釋**을 **悉皆解了**하며 **亦能觀察彼世界中**

일체중생   제근심욕
**一切衆生**의 **諸根心欲**하나라

역능억념피세계중일체중생    전후십생
**亦能憶念彼世界中一切衆生**의 **前後十生**하며

역능억념피세계중과거미래   각십겁사
**亦能憶念彼世界中過去未來**의 **各十劫事**하나라

역능억념피제여래   십본생사   십성정각
**亦能憶念彼諸如來**의 **十本生事**와 **十成正覺**과

십전법륜    십종신통    십종설법    십종교
**十轉法輪**과 **十種神通**과 **十種說法**과 **十種敎**

계    십종변재
**誡**와 **十種辯才**하나라

우즉성취십천보리심    십천삼매    십천바
**又卽成就十千菩提心**과 **十千三昧**와 **十千波**

해석하심을 모두 다 분명히 알며, 또한 그 세계 가운데 일체 중생의 모든 근과 마음의 욕망을 능히 관찰하였다.

또한 그 세계 가운데 일체 중생의 전후로 열 번 태어남을 능히 기억하며, 또한 그 세계 가운데 과거와 미래의 각각 열 겁의 일을 능히 기억하였다.

또한 그 모든 여래의 열 번 본래 생의 일과, 열 번 바른 깨달음을 이루심과, 열 번 법륜을 굴리심과, 열 가지 신통과, 열 가지 설법과, 열 가지 가르침과, 열 가지 변재를 능히 기억하였다.

또 곧 십천의 보리심과 십천의 삼매와 십천

라밀　　　　실개청정　　　　득대지혜원만광명
羅蜜하야　悉皆淸淨하야　得大智慧圓滿光明하며

득보살십신통유연미묘　　　주보리심　　　견
得菩薩十神通柔輭微妙하야　住菩提心하야　堅

고부동
固不動하나라

이시　　문수사리보살　　　권제비구　　　주보현
爾時에　文殊師利菩薩이　勸諸比丘하사　住普賢

행　　　　주보현행이　　　입대원해　　　입대원
行케하시니　住普賢行已에　入大願海하며　入大願

해이　　성취대원해
海已에　成就大願海하나라

이성취대원해고　　　심청정　　　심청정고　　　신
以成就大願海故로　心淸淨하며　心淸淨故로　身

청정　　　신청정고　　　신경리　　　　신청정경리
淸淨하며　身淸淨故로　身輕利하며　身淸淨輕利

의 바라밀을 성취하여 모두 다 청정하여 큰 지혜의 원만한 광명을 얻었다. 보살의 열 신통을 얻어 부드럽고 미묘하며, 보리심에 머물러 견고하여 흔들리지 아니하였다.

이때에 문수사리 보살이 모든 비구들에게 권하여 보현의 행에 머무르게 하였다. 보현의 행에 머무르고는 큰 서원바다에 들어가며, 큰 서원바다에 들어가서는 큰 서원바다를 성취하였다.

큰 서원바다를 성취한 까닭으로 마음이 청정하며, 마음이 청정한 까닭으로 몸이 청정하며, 몸이 청정한 까닭으로 몸이 경쾌하며, 몸

고　　　득대신통　　　　무유퇴전
故로 得大神通하야 無有退轉하나라

득차신통고　　　불리문수사리족하　　　보어시
得此神通故로 不離文殊師利足下하고 普於十

방일체불소　　　실현기신　　　구족성취일체불
方一切佛所에 悉現其身하야 具足成就一切佛

법
法하나라

〈大方廣佛華嚴經 卷第六十一〉

이 청정하고 경쾌한 까닭으로 큰 신통을 얻어 퇴전함이 없었다.

　이 신통을 얻은 까닭으로 문수사리의 발 아래를 여의지 아니하고, 널리 시방의 일체 부처님 처소에 그 몸을 모두 나타내어 일체 부처님 법을 구족히 성취하였다.

〈대방광불화엄경 제61권〉

# 大方廣佛華嚴經 ― 부록

- 대방광불화엄경 목차

- 간행사

# 대방광불화엄경
# 목차

⟨제1회⟩

**제1권**　제1품　세주묘엄품 [1]

**제2권**　제1품　세주묘엄품 [2]

**제3권**　제1품　세주묘엄품 [3]

**제4권**　제1품　세주묘엄품 [4]

**제5권**　제1품　세주묘엄품 [5]

**제6권**　제2품　여래현상품

**제7권**　제3품　보현삼매품
　　　　　제4품　세계성취품

**제8권**　제5품　화장세계품 [1]

**제9권**　제5품　화장세계품 [2]

**제10권**　제5품　화장세계품 [3]

**제11권**　제6품　비로자나품

⟨제2회⟩

**제12권**　제7품　여래명호품
　　　　　제8품　사성제품

**제13권**　제9품　광명각품
　　　　　제10품　보살문명품

**제14권**　제11품　정행품
　　　　　제12품　현수품 [1]

**제15권**　제12품　현수품 [2]

⟨제3회⟩

**제16권**　제13품　승수미산정품
　　　　　제14품　수미정상게찬품
　　　　　제15품　십주품

**제17권**　제16품　범행품
　　　　　제17품　초발심공덕품

**제18권**　제18품　명법품

〈제4회〉

제19권  제19품  승야마천궁품

　　　　제20품  야마궁중게찬품

　　　　제21품  십행품 [1]

제20권  제21품  십행품 [2]

제21권  제22품  십무진장품

〈제5회〉

제22권  제23품  승도솔천궁품

제23권  제24품  도솔궁중게찬품

　　　　제25품  십회향품 [1]

제24권  제25품  십회향품 [2]

제25권  제25품  십회향품 [3]

제26권  제25품  십회향품 [4]

제27권  제25품  십회향품 [5]

제28권  제25품  십회향품 [6]

제29권  제25품  십회향품 [7]

제30권  제25품  십회향품 [8]

제31권  제25품  십회향품 [9]

제32권  제25품  십회향품 [10]

제33권  제25품  십회향품 [11]

〈제6회〉

제34권  제26품  십지품 [1]

제35권  제26품  십지품 [2]

제36권  제26품  십지품 [3]

제37권  제26품  십지품 [4]

제38권  제26품  십지품 [5]

제39권  제26품  십지품 [6]

〈제7회〉

제40권  제27품  십정품 [1]

제41권  제27품  십정품 [2]

제42권  제27품  십정품 [3]

제43권  제27품  십정품 [4]

제44권  제28품  십통품

　　　　제29품  십인품

제45권  제30품  아승지품

　　　　제31품  수량품

　　　　제32품  제보살주처품

제46권  제33품  불부사의법품 [1]

제47권  제33품  불부사의법품 [2]

| 제48권 | 제34품 | 여래십신상해품 |
| 　 | 제35품 | 여래수호광명공덕품 |
| 제49권 | 제36품 | 보현행품 |
| 제50권 | 제37품 | 여래출현품 [1] |
| 제51권 | 제37품 | 여래출현품 [2] |
| 제52권 | 제37품 | 여래출현품 [3] |

〈제8회〉

| 제53권 | 제38품 | 이세간품 [1] |
| 제54권 | 제38품 | 이세간품 [2] |
| 제55권 | 제38품 | 이세간품 [3] |
| 제56권 | 제38품 | 이세간품 [4] |
| 제57권 | 제38품 | 이세간품 [5] |
| 제58권 | 제38품 | 이세간품 [6] |
| 제59권 | 제38품 | 이세간품 [7] |

〈제9회〉

| 제60권 | 제39품 | 입법계품 [1] |
| **제61권** | **제39품** | **입법계품 [2]** |
| 제62권 | 제39품 | 입법계품 [3] |
| 제63권 | 제39품 | 입법계품 [4] |
| 제64권 | 제39품 | 입법계품 [5] |
| 제65권 | 제39품 | 입법계품 [6] |
| 제66권 | 제39품 | 입법계품 [7] |
| 제67권 | 제39품 | 입법계품 [8] |
| 제68권 | 제39품 | 입법계품 [9] |
| 제69권 | 제39품 | 입법계품 [10] |
| 제70권 | 제39품 | 입법계품 [11] |
| 제71권 | 제39품 | 입법계품 [12] |
| 제72권 | 제39품 | 입법계품 [13] |
| 제73권 | 제39품 | 입법계품 [14] |
| 제74권 | 제39품 | 입법계품 [15] |
| 제75권 | 제39품 | 입법계품 [16] |
| 제76권 | 제39품 | 입법계품 [17] |
| 제77권 | 제39품 | 입법계품 [18] |
| 제78권 | 제39품 | 입법계품 [19] |
| 제79권 | 제39품 | 입법계품 [20] |
| 제80권 | 제39품 | 입법계품 [21] |

# 간 행 사

   귀의삼보 하옵고,
  『대방광불화엄경』의 수지 독송과 유통을 발원하면서 수미정사 불전연구원에서 『독송본 한문·한글역 대방광불화엄경』과 『사경본 한글역 대방광불화엄경』을 편찬하여 간행하게 되었습니다.
  『화엄경』은 우리나라에 전래된 이래 일찍부터 사경되고 주석·강설되어 왔으며 근현대에 이르러서는 『화엄경』의 한글 번역과 연구도 부쩍 많이 이루어졌습니다. 그만큼 『화엄경』이 우리 불자님들의 신행과 해탈에 큰 의지처가 되었던 것임을 알 수 있습니다.
  『화엄경』을 독송하고 사경하는 공덕은 설법 공덕과 함께 크게 강조되어 왔습니다. 그리하여 수미정사 불전연구원에서도 『화엄경』(80권)을 독송하고 사경하는 데 도움이 되도록 한문 원문과 한글역을 함께 수록한 독송본과 한글역의 사경본 『화엄경』 간행불사를 발원하였습니다. 이 『화엄경』 간행불사에 뜻을 같이하여 적극 후원해주신 스님들과 재가 불자님들께 깊이 감사드립니다. 또한 『화엄경』을 수지 독송할 수 있도록 경책의 모습으로 장엄해 주신 편집위원들과 담앤북스 출판사 관계자들께도 고마움을 표합니다.
  끝으로 이 불사의 원만 회향으로 『화엄경』이 널리 유통되고, 온 법계에 부처님의 가피가 충만하시길 기원드립니다.
  나무 대방광불화엄경

불기 2564년 '부처님오신날'을 봉축하며
수미해주 합장

위태천신(동진보살)

### 수미해주 須彌海住

호거산 운문사에서 성관 스님을 은사로 출가, 석암 대화상을 계사로 사미니계 수계, 월하 전계사를 계사로 비구니계 수계, 계룡산 동학사 전문강원 졸업, 동국대학교 불교대학 및 동 대학원 졸업, 철학박사, 가산지관 대종사에게서 전강, 동국대학교 불교대학 교수, 동학승가대학 학장 및 화엄학림 학림장, 중앙승가대학교 법인이사 역임.
(현) 수미정사 주지, 동국대학교 명예교수.
저·역서로『의상화엄사상사연구』,『화엄의 세계』,『정선 원효』,『정선 화엄 1』,『정선 지눌』,『법계도기 총수록』,『해주스님의 법성게 강설』등 다수.

### 독송본 한문·한글역
# 대방광불화엄경 제61권

| 초판 1쇄 발행_ 2025년 10월 24일

| 엮 은 이 _ 수미해주
| 엮 은 곳 _ 수미정사 불전연구원
| 편집위원 _ 해주 수정 경진 선초 정천 석도 박보람 최원섭
| 편 집 보 _ 무이 무진 지욱 혜명

| 펴 낸 이 _ 오세룡
| 펴 낸 곳 _ 담앤북스
　　　　　서울특별시 종로구 새문안로3길 23 경희궁의 아침 4단지 805호
　　　　　대표전화 02)765-1251　전자우편 dhamenbooks@naver.com
　　　　　출판등록 제300-2011-115호
| ISBN_ 979-11-6201-953-5　04220

이 책은 저작권 법에 따라 보호받는 저작물이므로 무단전재와 복제를 금합니다.
이 책 내용의 전부 또는 일부를 이용하려면 반드시 저작권자와 담앤북스의 서면 동의를 받아야 합니다.

정가 15,000원
ⓒ 수미해주 2025